Helmut Schinagl

Plüsch, Barock und Milchrahmstrudel

Österreich — wie's leibt und liebt

Zeichnungen von Thomas Posch

Wort und Welt Verlag Innsbruck

Reihe »Humor in der Tasche«, Band 11

Copyright © by Wort und Welt
Buchverlagsges. m. b. H. & Co. KG., Innsbruck
ISBN 3 85373 020 5
Alle Rechte, auch die des auszugsweisen Nachdrucks,
der fotomechanischen Wiedergabe und der Übersetzung,
vorbehalten
Gesamtherstellung: Salzer - Ueberreuter, Wien
Printed in Austria 1976

> „A. E. I. O. U."
> „Allen Ernstes ist Oesterreich unentbehrlich"
> (Trostspruch, nachdem die Lesart „Alles Erdreich ist Oesterreich untertan" ihre Gültigkeit verloren hat)

1 Ein nützliches Vorwort oder Von einer geographischen Pfanne mit Spiegelei

Österreich ist zu zweiundachtzig Prozent von Bergen und zu vierundvierzig Prozent von Wäldern bedeckt. Das ergibt eine Summe von einhundertsechsundzwanzig Prozent. Ein mathematisches Zauberkunststück dieser Art ist nur möglich, weil in Österreich die Bäume teils auf den Bergen und die Berge teils auf den Bäumen wachsen. Dazwischen liegen auch einige Seen. Kein Wunder, daß die Fremden scharenweise ins Land strömen, um derlei Seltsamkeiten zu bestaunen.

Schon Österreichs geographisches Bild im Atlas ist merkwürdig genug, sofern man durch Rorschach-Tests und andere psychologische Scherze das richtige Gespür für absonderliche Formen entwickelt hat.

Ein Blick auf die Landkarten Europas zeigt ja mancherlei Ungewöhnlichkeiten. England ähnelt einer Hexe, die sich bizarr ins Meer geworfen hat und dort ein zerfranstes Ei bespricht. Das Ei ist Irland. Italiens Stiefel stößt in gewohnt südländischem Temperament auf den zerhedderten Fußball Sizilien. Frankreich gleicht einem fünfeckigen Drachenflieger, den die Unbilden der Lüfte zerfranst haben. Und wie es Spanien gelungen ist, Madrid genau in das Zentrum der Iberischen Halbinsel zu bringen, grenzt an ein geometrisches Wunder. Selbst die Schweiz, in der die Empfindsamkeit für ästhetische Formen nicht sonderlich stark ausgebildet ist, ähnelt noch einem degenerierten Ahornblatt, und Liechtenstein einem Zweifrankenstück, das erst unter den Zug und dann in die Hosentasche eines Fürsten geraten ist.

Was aber ist das alles gegen Österreich!

DIE GEOGRAPHISCHE PFANNE ÖSTERREICH

Da schiebt sich ein Faustkeil der Steinzeit vors betrachtende Auge. Die Hand vermöchte ihn bei Tirol und Vorarlberg markig zu umklammern und sein Schwergewicht rund um Wien auf den Schädel des Gegners niedersausen lassen. Mikrobiologisch vorgebildete Atlasbetrachter wiederum erkennen in Österreichs Form etwas ganz anderes: ein Infusorium unterm Mikroskop, und der Fortbewegungsschwanz dieses Einzellers ist der Alpenhauptkamm*.

Da jedoch die Eßkultur in Österreich qualitäts- wie quantitätsbezogen einsame Rekorde zustande bringt — die Gewichtsstatistiken der Gesundheitsämter werfen hierüber jährlich fette Zahlen aus —, drängt sich auch ein kulinarischer Vergleich auf: Österreich ähnelt einer antiquarischen, vom Zahn der Zeit angenagten Bratpfanne mit einem Spiegelei darin.

Wiederum bilden Tirol und Vorarlberg den Handgriff, die übrigen Bundesländer den Pfannenboden. Im Marchfeld und im Tullner Becken gerinnt das Eiweiß, und Wien brüstet sich als praller Dotter. An den Rändern hat starke Unterhitze das Eiweiß zu Bergen aufgeworfen und braun gebrannt. Woher diese Hitze stammt, ist ungeklärt.

Das Spiegelei hat auf gut österreichisch natürlich noch

* In der geographischen Form Österreichs lediglich eine Sprechblase zu sehen, soll den Lesern von Comic strips vorbehalten bleiben.

einen anderen Namen. Die Wiener Küche spricht hier recht drastisch von einem »Ochsenauge«. Wehe dem, der versucht, diesem Auge Salz und Pfeffer in die Iris zu streuen. Die Gemütlichkeit des Wiener Ochsenauges könnte sich ihres tierhaften Ursprungs erinnern und dementsprechend ungemütlich werden.

Die Bratpfanne mit Spiegelei aber wird, damit des Merkwürdigen nicht so rasch genug sei, im Atlas von zwei wasserblauen Sicherheitsnadeln festgehalten: dem Neusiedler See im Osten und dem Bodensee im Westen.

Der Bodensee trägt den poetischen Beinamen »Schwäbisches Meer«, woraus sich ersehen läßt, wie sehr der Westen Österreichs von seinem bundesdeutschen Bruderland dominiert wird. Der Neusiedler See hingegen nennt sich »Meer der Wiener«, und das ist gleichfalls ein bedauerlicher, wenn auch verzeihlicher Trugschluß. Denn das wahre Meer der Wiener liegt vor Caorle und Jesolo, wo alljährlich im Juli und im August die großen Wiener Hausmeistertreffen vor sich gehen. Ottakring und Favoriten im feindlichen Ausland sozusagen.

Das Schwäbische Meer gehört nur zu einem geringen Teil zu Österreich. Wo hier die Staatsgrenze genau verläuft, darüber streiten sich die Fachexperten seit Jahrzehnten. Alle Versuche, Grundmarkierungen in das Wasser einzuschlagen, waren bisher Schläge ins Wasser. Derlei gelang bisher nur in sehr strengen Wintern, wenn die Seeoberfläche den festen Aggregatzustand des Eises angenommen hat. Da die Übergänge zum offenen Wasser jedoch gefährliche Tücken aufweisen, sind bei entsprechenden Markierungsversuchen schon Dutzende von Geometern ertrunken und liegen nun mit ihren leiblichen Restbeständen in den Trinkwasserreservoiren des süddeutschen Raumes. Denn in Stuttgart wird das Bodenseewasser als köstliches Naß in die Haushaltsbrunnen geleitet. Oder es wurden die Überreste der vermessenden Helden bei einer der großen »Putze« — so bezeichnet man in Vorarlberg die jährliche Frühjahrsreinigung der Seeufer — zusammen mit Kleingeäst, erstickten Fischen und leeren Benzinfässern an den Strand geholt und dort den Flammen übergeben. Eine Abart der indischen Leichenverbrennung, und das auf österreichischem Boden an den Gestaden des Schwäbischen Meeres, das auch ein Schweizer Gewässer ist.

Sowohl die süddeutschen wie auch die österreichischen und die eidgenössischen Geometergewerkschaften haben schon vor Jahren unter Streikandrohung das Einschlagen von Markierungspfosten ins trügerische Eis abgelehnt. Und da man innerhalb Österreichs schon genug der Grenzstreitigkeiten hat, wie etwa die immer neu zu vermessende Landesgrenze zwischen Vorarlberg und Tirol beweist, wurde dem Einspruch von der obersten Behörde stattgegeben*.

Auch das »Meer der Wiener« gehört nicht zur Gänze Österreich. Mitten durch den südlichen Bereich des Neusiedler Sees — dort, wo man nicht mehr weiß, ob es sich noch um See oder nur noch um angefeuchtete Schilflandschaften handelt — verläuft die Grenze nach Ungarn.

Die Ungarn ärgern sich über die Seegrenze besonders heftig. Im Streben nach sinnvoller Freizeitgestaltung haben sie grandiose Methoden im Verlegen von Tretminen entwickelt, womit sie aber im Seegebiet nicht zurechtkommen. Erstens läßt die Feuchtigkeit das Pulver, wenn überhaupt, nur als kläglich Knalleffekte hochgehen. Zweitens aber erregen sie damit das Mißfallen der weltweiten Naturschutzverbände. Schließlich könnten durch die Sprengkörper nicht bloß Menschen zugrunde gehen, was ja noch zu verschmerzen wäre, sondern auch der eine oder andere Wasservogel. Und das wäre schlimm.

---

* Die Grenzbegehungen im Arlberggebiet zwischen Tirol und Vorarlberg erinnern immer wieder an Scharmützel des kalten Krieges zwischen feindlichen Nachbarländern. Ist die Grenze, die von listigen Almhütern, Bauern und anderen Interessenten stets aufs neue ins feindliche Ausland hineingeschoben wird, nach rüden Beschimpfungen, Steinwürfen und Tritten in Fuchsfallen festgelegt, so schütteln die rasch mit Hubschraubern eingeflogenen Landeshauptleute an der Hauptkampffront einander grimmig lächelnd die Hände. Drei Tage lang herrscht Friede. Dann bricht der Kleinkrieg des Grenzsteinversetzens von neuem los.

Die Grenzziehung durch den Schilfgürtel hängt mit dem Fall Ödenburg zusammen, das sich auf gut burgenländisch Sopron nennt. Als im Jahre 1921 das Burgenland zu Österreich kommen sollte — als Trostpflaster für Südtirol, welches sich Italien unter den Stiefel riß —, veranstaltete man eine großangelegte Volksabstimmung. Das Burgenland entschied sich weithin für den Westen. Nur die Hauptstadt Ödenburg fürchtete, bei Österreich gänzlich zu veröden, und stimmte für Budapest. Angeblich haben die Ödenburger diese Volksabstimmung in der Zwischenzeit schon mehrmals bereut, aber die Weltgeschichte kennt da wenig Pardon. Und so wölbt sich der Bezirk Ödenburg ins Burgenland hinein wie ein inoperabler Eingeweidebruch. Wo er in das österreichische Staatsgewebe einbricht, ist das Burgenland nur vier Kilometer breit, und das bei einer Landeslänge von über hundertfünfzig Kilometern. Die k. k. Staatsbahnen führten dereinst über Ödenburg in den Süden des Landes. Die Eisenbahn tut diese heute noch*.

Doch in Österreich sind Verkehrsverbindungen über ausländisches Gebiet nichts Ungewöhnliches. Selbst das stolze Land Tirol muß zähneknirschend zugestehen, daß die Eisenbahn von Innsbruck ins Außerfern über bayrisches Gebiet fährt, die Bahn von Innsbruck nach Osttirol über welsche Geleise rattert und die Straßenverbindung für die Pneubesitzer über Bad Reichenhall nach Salzburg führt. Auch die Städteschnellverbindung der Bahn durchbummelt bayrisches Gebiet. Daneben gibt es Orte und ganze Talschaften, die überhaupt nur über ausländisches Territorium zu erreichen sind. Die Hinterriß im Karwendel beispielsweise oder das Kleine Walsertal in Vorarlberg. Aber da in erstgenanntem sämtliche Jagd-

---

* In einem an Kuriositäten so reichen Land fällt es gar nicht auf, daß durch das Burgenland eine Privatbahn fährt, die teils in österreichischem, teils in ungarischem Besitz ist. Das Zugpersonal besteht aus ungarischen Staatsbürgern, trägt aber zum Ausgleich dafür österreichische Uniformen und müht sich mit der offiziellen Amtssprache Deutsch redlich ab.

rechte Ausländern gehören und in letzterem sogar die Währung bundesdeutsch in die Kassen klingelt, wird darüber kaum gesprochen.

Im Westen liegen die Dinge auch deshalb einfacher, weil sich Österreich hier mit seinen Nachbarn wesentlich besser versteht als mit seinen östlichen. Dies ist um so erstaunlicher, als schon ein kurzer Blick ins Wiener Telefonbuch genügen müßte, um das Gegenteil anzunehmen. Weist doch das Prager Telefonverzeichnis prozentuell mehr deutsche Namen auf als das Wiener.

Aber in Österreich ist der Name Schall und Rauch, dafür ist der Titel alles.

Die Merkwürdigkeiten der österreichischen Geographie setzen sich darin fort, daß keine Hauptstadt eines Bundeslandes weiter als sechzig Kilometer vom feindlichen Ausland entfernt ist, nicht einmal die Metropole Wien. Das hat sich nicht nur auf die Wiener Mentalität geschlagen, das merkt man auch am Mexikoplatz oder in den Geschäftszentren der Innenstadt.

Bregenz und Salzburg liegen überhaupt an den Grenzschranken, Klagenfurt dankt es nur glücklichen Umständen, daß es nicht Celovec heißt, und Innsbruck hätte der Welschländer Tolomeo ebenso gern in den Stiefelschaft gesteckt wie Bozen und Meran.

Es verbleiben Linz und Graz als einigermaßen gesicherte Stadtexistenzen mit österreichischem Hinterland.

Doch siehe da, gerade diesen beiden Städten fehlt es an jener sprudelnden Vitalität, die die anderen Städte ihr eigen nennen. Linz ist ein Opfer seines eigenen Smogs, denn unmittelbar neben den letzten Wohnblöcken beginnt Österreichs bedeutendstes Industriegelände, die VÖEST, dermaleinst nach dem dickbäuchigsten aller Hitlergetreuen, Hermann Göring, benannt. Und Graz ist ein ungeheures Pensionistendorf, das neben wunderschönen Sehenswürdigkeiten leider auch aus vielen halbverfallenen Gebäuden, Friedhöfen und verkommenen Stiegen besteht und nur im »Steirischen Herbst« für vierzehn

Tage progressive Schminke auflegt. Linz und Graz büßen ihre relative Sicherheit durch Umwelt- und Erbschäden*.

So steht es um jenes Land, das in unzähligen Prospekten als eine Insel der Seligen unter lieblichem Sonnenschein angepriesen wird, mit freundlichen Leuten, guten Weinen, flottem Nachtleben und emsiger Kontaktfreudigkeit. Ein Land mit ewigblauem Himmel, aus dem Sommer für Sommer auf die Salzkammergutseen die größten Niederschlagsraten Mitteleuropas hernniederplätschern. Aber der österreichische Charme oder das, was die Gäste dafür halten, läßt selbst den schlimmsten Dauerregen vergessen.

Grillparzer, angeblich Österreichs größter Dichter, schrieb über sein Vaterland, dem er nicht uneingeschränkt wohlgesonnen war: »Es ist ein gutes Land, wohl wert, daß sich ein Fürst sein unterwinde.«

Hunderttausende österreichische Schulkinder deklamieren Jahr für Jahr diesen Satz, ohne daß den lauschenden Pädagogen jemals aufgefallen wäre, wie ungeheuer gespreizt dieser Lobgesang ist. Der von manchen scheel angesehene, aber kaum geringere Dichterkollege Grillparzers, Johann Nestroy, hat sich zum Thema Österreich leider nicht geäußert. Die apokryphe Übersetzung obigen Zitats würde bei ihm ungefähr so lauten: »Das Land — es zahlt sich aus, daß es sich einer untern Nagel reißt.«

Bundesdeutsche Nachbarn haben dies in den letzten Jahren vor allem im Westen mit großem Erfolg betrieben. So lange zumindest, bis ihnen ein Grundverkehrsgesetz den Erwerb österreichischen Bodens verbot und sie jetzt diese Paragraphenfalle mit kostspieligen Bestechungen und juristischen Tricks umgehen müssen. Immerhin sind die schönsten Plätze Tirols heute fest in bundesdeutscher Hand. Die neuen Grundeigen-

---

* Die weite Distanz zu Deutschland suchen in Graz nicht weniger als siebzehn nationale Studentenverbindungen auszugleichen, indem sie zwar das Vorhandensein einer österreichischen Nation leugnen, aber die österreichischen Staatsstipendien doch nur in Ausnahmefällen ablehnen.

tümer sind keine Fürsten, die sich das Land unterwunden haben, wohl aber Geldbarone von Industrie- und Bankkonzernen. Und da man in Österreich einerseits den Adel offiziell abgeschafft hat, andererseits aber in keinem anderen Land der Welt ein größeres Bedürfnis nach Adeligem herrscht, nimmt man den Ersatz stillschweigend, wenn nicht dankbar in Kauf. Man sagt »Küß die Hand« oder, auf tirolerisch, das Gegenteil davon, denkt sich sein Teil und läßt die andern — bei sich leben.

„Wien bleibt Wien"
(Zweischneidiger Marsch von Johann
Schrammel)

2 Stadt und Land Wien oder Von Lipizzanern im Matrosenlook

Für die Mehrzahl jener Gäste, die Wien besuchen — es sind dies vor allem unsere bundesdeutschen Schwestern und Brüder — ist Österreichs Metropole identisch mit dem Heurigen.

Der Heurige ist, so liest man im Lexikon, eine Buschenschenke. Darunter kann sich der Uneingeweihte wenig vorstellen. Aber da die Neugier seit eh und je die größte Triebkraft menschlichen Forschens war, stellt er das Lexikon kurzerhand ins Regal und begibt sich nach Grinzing.

Der Heurige zerfällt in zwei Teile. Erstens in sauren Wein und zweitens in die Veranstaltung, während der dieser saure Wein getrunken wird.

Vorwiegend schlürft man den Heurigen im Freien. Nur bei Regen übersiedelt man ins Innere von Gasthäusern, die an Geschmacklosigkeit und Tradition nicht zu unterbieten sind. Irgendwo in einem Winkel schluchzt dann eine Geige, manchmal winseln auch deren zwei, und wenn es hochkommt, klagt in der Düsternis ein Zimbal, getröstet von einer klapprigen Klarinette*. Häufig werden letztgenannte Instrumente durch eine museumsreife Gitarre und eine asthmatische Harmonika ersetzt. Musikgebildete Besucher von Heurigenlokalen wundern sich nicht, daß die atonale Musik von Wien aus ihren Siegeszug angetreten hat.

Manchmal lassen sich auch Wirt und Wirtin hinreißen, etwas zum besten zu geben, wozu man aber die dargebotenen Getränke nur in seltenen Fällen zählen kann. Sie spülen den Mund mit Heurigem, wirbeln die Gurgel durch den Kehlkopf,

---

* Diese, auch »picksüßes Hölzl« genannt, wurde von den Brüdern Schrammel in die Heurigenmusik eingeführt und ersetzt den zuckerkranken Wienern seit Jahrzehnten das Insulin.

denken entweder ans Finanzamt oder an ein verstorbenes Mutterl und beginnen zu schluchzen und zu weinen.

Die Fremden halten das für Gesang und sind gerührt.

Mit Luchsaugen lauern indes die Geiger und der asthmatische Ziehharmonikamensch auf ihre Chance. Sie wittern zahlungskräftige Besucher, nähern sich ihnen devot und beginnen, die Überraschten plötzlich anzugeigen. Der Hauptgeiger oder auch Primas — erstaunlicherweise führt der Mißhandler der Fiedel denselben Titel wie der Kardinal von Ungarn — nähert sich mit geschlossenen Augen, doch hellhörigen Sinns für alsbaldiges Trinkgeldgeklingel einem der Weinbeißer und geigt ihm ins Ohr. Der Vorgang ist ebenso lächerlich wie peinlich, vor allem für den Betroffenen. Ist dieser in Begleitung einer Dame, so fühlt er sich verpflichtet, süßsauer zu lächeln. Die Dame tut desgleichen. Ist er nicht mit einer Dame ausgegangen, sondern in Begleitung seiner Ehefrau, so lächelt er nicht. Der Primas sucht sich hierauf ein neues Opfer.

Beim Heurigen wird Heuriger getrunken. Das ist Wein, der in der Umgebung Wiens gewachsen sein soll. Zwar ist die Luft um Österreichs Hauptstadt ziemlich verseucht, wie das bei Großstädten leider allgemein der Fall ist, und damit ist auch der Wein verseucht. Aber manchen Leuten schmeckt er dennoch sehr. Vor allem für die deutschen Gäste ist das Wiener Blut noch frei von Quecksilber, die blaue Donau frei von Grau und Braun, die Wiener Luft besser als die Berliner. Unter dem Einfluß des schluchzenden Wirts träumt mancher sogar davon, eine Reblaus zu sein, ohne zu bedenken, daß sich dieses Insekt keineswegs von Wein nährt, sondern von den Blättern des Rebstocks.

Die ausgeschenkten Quantitäten an Wein sind zwar geringer als jene an Bier beim Münchner Oktoberfest. Man wird auch nicht scheel angesehen, wenn man lediglich ein Viertel Wein bestellt. Ein Viertel Bier wage man einmal auf der Münchner Wiese anzuschaffen. Die resolute Kellnerin würde den Besteller kurzerhand der plumpen Bavaria auf den Busen setzen.

Aber es bleibt meist nicht bei dem einen Viertel, und das ist das Tückische am Heurigen. Es werden deren mehrere und mitunter sogar ziemlich viele. Am Ende hat ein Säuferaspirant mehr Quantum an Wein inne als ein flüchtiger Besucher des Oktoberfests an Bier.

Der durch Alkohol inspirierte Heurigenbesucher verläßt schwankenden Schritts und, je nach Temperament, Laune und Begabung, auch singend oder sich erbrechend das Lokal. Ist er Autobesitzer, so benötigt er zum Aufsperren der Wagentür länger als für die Heimfahrt im Taxi. Fährt er allen Promillen zum Trotz selber, so ist ein Umweg über das Allgemeine Krankenhaus keine Seltenheit.

Der Name Heuriger ist, von den paar letzten Wochen des Jahres abgesehen, eine Lüge. Denn nicht heuriger Wein wird beim Heurigen ausgeschenkt, sondern letztjähriger. Aber gerade vom »Eu« des Heurigen geht ja die euphorische Wirkung aus. »Eu« bedeutet im Griechischen »schön«. Und die Wiener wie auch die Wienbesucher leben in der unumstößlichen Einbildung, daß der Heurige etwas vom Schönsten sei, was es gibt. Vor allem dann, wenn man in Grinzing draußen singt, man möchte sein Gewand verkaufen, um in den Himmel zu fahren — voll der Hoffnung, dort oben in zerrissener Unterwäsche eingelassen zu werden. Beim Heurigen vom Schlag getroffen zu werden, ist der unausgesprochene Wunsch jedes echten Wieners. Er geht nur, wie die meisten Wünsche, selten in Erfüllung. In Wien stirbt alle zwei Stunden ein Mensch an Krebs. Auch an Krebsgeschwülsten in der Leber, woran der Heurige nicht unschuldig ist. Daß jemand beim Heurigen vom Schlag getroffen wird, passiert höchstens alle zwei Jahre einmal.

Aber zurück zur Lokalität des Ausschanks.

Die Stunde ist fortgeschritten, man prostet einander zu, man lacht, man raunzt, man trinkt Bruderschaft mit wildfremden Leuten, man weint glücklich in sein Glas, und die Taschendiebe handeln amts. Man umarmt den Nachbarn und küßt die nächstbeste Frau, was bis zur Aufhebung des Ehestörungsparagraphen den Wiener Advokaten gute Einkünfte gebracht hat. Seit dem Fall des Schmusparagraphen ist das Küssen der nächstbesten Frau nicht mehr so gefährlich wie früher — es sei denn, ein Nebenbuhler sitzt mit gezücktem Taschenfeitel in der Nähe. Dann gibt es mitunter wieder Arbeit, samt einer Honorarrechnung des Roten Kreuzes.

Einen unblutigen Heurigenstreit zwischen zwei Betrunkenen sollte man sich indes auf keinen Fall entgehen lassen. Wenn zwei Weinbeißer nicht mehr geradeaus sehen können und ihnen die beleidigenden Worte wie zähes Öl von den Lippen tropfen, die Augen vorquellen wie bei Fröschen, das allgemeine Lallen sieghaft Oberhand gewinnt, Boxbewegungen in Zeitlupe durchgeführt werden und schließlich einer der beiden in einen Wandspiegel fällt — das zählt zu den großen Szenen der ungeschriebenen Weltliteratur. Sodann tritt meist eine resolute Frau auf den Plan, brüllt breit und plärrend dem Spiegelzerstörer etwas ins Gesicht, schleppt das angetraute Jammerprodukt auf die Straße und sorgt mit ein paar kräftigen Abreibungen — wie man in Wien Püffe und Schläge schmerzhafter Art nennt — für kurzfristige Ernüchterung. Der Mann sinkt in sich zusammen, räsoniert eine Weile gegen Gott und die Welt und ergibt sich schließlich in sein Schicksal, das er geheiratet hat.

Am nächsten Morgen erwacht er mit einem Millionenhaarbeutel — wie Nestroy den Zustand des Katzenjammers so trefflich benennt —, verschlingt gläserweise Salzgurken und Heringe, knurrt die wieder sanft gewordene Gattin an, schmettert die Tür ins Schloß und wirft — sofern er, wie jeder zweite Wiener, Beamter ist — die ersten zehn Klienten aus der Kanzlei. Nach dem elften meldet er sich krank und fährt zur Rekonvaleszenz hinaus nach Grinzing.

Der bundesdeutsche Gast erschauert zutiefst bei solchen Berichten. Er versinkt in Ehrfurcht vor der Institution des Heurigen, bügelt den Eindruck, einen betrunkenen Ministerialsekretär gesehen zu haben, eifrig in sein Gedächtnis und ruft entzückt: »Das ist Wien!« —

Für die überseeischen Besucher — vorwiegend sind das Amerikaner — besteht die Stadt Wien aus vier anderen Dingen: dem Stephansdom, dem Riesenrad, den Lipizzanern und den Sängernkaben.

Absolventen von Colleges erinnern sich auch manchmal, daß es in Wien so etwas wie eine Oper geben soll und daß man hier angeblich schon in dreißig Jahren mit einer U-Bahn würde herumfahren können.

Der Stephansdom, von den Wienern liebevoll »Steffl« genannt*, hat im letzten Krieg gewaltigen Schaden genommen. Er hat, wie die amerikanischen Gäste glauben, dabei eine seiner beiden Turmspitzen eingebüßt. In Zeiten des kalten Krieges geben sie an dieser Barbarei den Russen, in solchen der Entspannung der deutschen SS die Schuld. Beteuerungen des Stadtführers, der Steffl habe seit eh und je nur einen vollendeten Turm besessen, werden mißbilligend gleich wieder vergessen.

Das Innere des Doms interessiert die Gäste kaum. An Gotik hat man in New York schönere Bauten, auch wenn dieser hausgemachte Baustil nicht ganz echt ist; schließlich setzt sich der hier gezeigte auch nur noch aus Restbeständen zusammen. Die vielen Kerzen vor dem Marienaltar werden mit Ent-

---

* Angeblich nach einem Kaufhaus in der Kärntner Straße benannt.

zückensrufen bewundert, Meister Pilgrams Selbstdarstellung unter der Kanzel verständnisvoll zur Kenntnis genommen, drückt den Armen doch der gewaltige Aufbau des Kunstwerks auf den Halswirbel. Mit der Dienstbotenmadonna weiß man wenig anzufangen, da in den USA einschlägige Arbeiten von den Hausherren zu erledigen sind.

Die U-Bahn-Stationen New Yorks sind nach Ansicht der Amerikaner besser gelüftet als die Katakomben, und der Fahrstuhl hinauf zur Pummerin bewegt sich für sie zu langsam, dafür ist der Fahrpreis doppelt so hoch als erwartet. Irgendwo, erklärt man ihnen in luftiger Höhe, hänge hier die größte Glocke Österreichs. Man sehe sie nur nicht, weil zu viele Menschen herumstünden. Aber dafür habe man sie aus türkischen Kanonen gegossen.

Während der Rückkehr ins Kircheninnere überlegen die historisch Unbedarften, ob man sich hier wohl schon in Asien befinde, weil von Türken die Rede war. Daraufhin werden die Glasfenster des Doms noch mehr bewundert als der Klosterneuburger Altar. Ehemalige Tirolbesucher erkennen plötzlich irgendwo die Kitzbüheler Gams wieder, die auf so anmutige Weise die Rechtspfote zum deutschen Gruß erhebt, selbst hier, an geheiligter Stätte.

Schon wesentlich entzückter zeigt man sich dann beim Besuch des Wiener Praters, kommt er doch den naiven Gemütern der Gäste sehr entgegen. Die Fahrt mit dem Riesenrad ist ein schauervoller Akt der Pietät. Man erwartet bei jedem Weiterrücken der Gondel, daß sich das stählerne Ungeheuer in seine Bestandteile auflöst. Daß dies nicht geschieht, gehört mit zu den zahllosen unerklärbaren Wundern Österreichs. Ängstliche Gemüter schwören, nie wieder einen jener schwankenden Pseudowaggons zu besteigen, und verzichten gern darauf, dem Wiener Wind in den ächzenden Stahlverstrebungen zu lauschen.

Der Fernblick vom höchsten Punkt des Riesenrades ist imposant. Wien liegt dem Betrachter zu Füßen, allerdings vorwiegend mit jenen Bezirken, die einer näheren Betrachtung nicht unbedingt würdig sind. Immerhin erkennt man einige der Kirchtürme wieder, die man irgendwo auf Postkarten gesehen hat. Die Sonne blendet, der Nachbar spuckt den Kaugummi auf den Boden, die Kameras klicken, und schließlich entsteigt man dem altersschwachen Gefährt mit dem Gefühl, eine der notwendigsten Pflichtübungen seines Lebens hinter sich gebracht zu haben.

Was der Prater an sonstigen Spektakeln bietet, bereitet außer den Fremden selbst Firmlingen nur noch Vergnügen, sofern sie aus den Bundesländern stammen. Schaubuden, Schießbuden, Würstelbuden, Spielbuden und seit jüngstem auch Sexbuden stehen hier in reicher Zahl nebeneinander. Man kann mit der Grottenbahn fahren, wo ein als Tod verkleideter Arbeitsloser einen knöchernen Finger den Herren in den Hals, den Damen in den Busen steckt. Der Sportliche setzt sich ins Autodrom und produziert mehr Zusammenstöße, als ihm dies Gesundheit und Brieftasche im öffentlichen Straßenverkehrskampf je erlauben würden. Vor den Schießbuden stauen sich Leute mit treffsicheren Augen und Händen, doch treffen sie nichts, selbst wenn sie auf Weltmeisterlisten stehen, denn die Gewehrläufe sind verbogen. Kräftige gehen auf die Watschenmänner los. Weltraumsüchtige steigen in Gondeln und werden derart durcheinandergeschüttelt, daß sie danach nicht nur Mond und Mars, sondern auch Beteigeuze und Aldebaran samt ein paar Dutzend anderer Sterne Wiener Prägung sehen.

Mit Einbruch der Dämmerung verschiebt sich das Vergnügen von den Besuchern auf die heimischen Stammgäste. Handtäschchen werden abgenommen, Zähne ausgeschlagen und Strichmädchen auf nicht vorhandene Striche geschickt. Wahrlich, selbst die Exekutive kommt auf ihre Rechnung, fährt mit großem Tatü ins Pratergelände ein, wie man das sonst nur von einschlägigen Kriminalfilmen her kennt, um schließlich nach einem gemütlichen Wortwechsel mit der Unterwelt wieder abzurücken.

Was ein Lipizzaner ist, braucht man den Gästen nicht zu erklären; sie wissen das besser als jeder Österreicher. Der Lipizzaner ist ein gebleichtes Pferd. Man hat es so lange mit den in der TV-Werbung angepriesenen Weißmachern gewaschen, bis es tatsächlich die Farbe eines Leintuchs in einem Stundenhotel angenommen hat.

Die Lipizzaner sind Bestandteil der sogenannten Spanischen Reitschule. Spanisch kommt dem Gast in Wien zwar vieles vor, vor allem aber hier in den Reitställen sind diesen Eindrücken keine Grenzen gesetzt. Das beginnt schon beim Kartenschleichhandel für die Vorführungen. Amerikanerinnen und Engländerinnen drängen sich darum, als erhielten sie Eintrittskarten zur ewigen Seligkeit. Dann sitzen sie glücklich lächelnd auf den harten Stühlen, riechen wohlwollend den Dunst der Halle, welcher dem eines mäßig gelüfteten Pissoirs in nichts nachsteht, und harren der Dinge, die auf sie zukommen.

Von den Lipizzanern heißt es, daß sie höchste Dressur bieten.

Unvoreingenommenen scheint das Gebotene eher degeneriert.

Anstatt sich wie normale Pferde zu bewegen, springen die Hengste mit ihren Reitern auf den Rücken herum wie traurige Ziegenböcke.

Das Publikum klatscht begeistert Beifall. Dergleichen hat es noch nie gesehen, nicht einmal bei den Rodeos daheim im Wilden Westen. Und dazu die herrliche Musik von den uralten Platten auf den noch älteren Abspielgeräten! Ihr Gequäke vermittelt Nostalgiegenuß in allen Preislagen.

Stellen sich die Pferde dann gar noch auf die Hinterbeine, als wollten sie es den bettelnden Murmeltieren im Innsbrucker Alpenzoo gleichtun, so kennt die Begeisterung kein Ende mehr. Der Zucker fliegt in die Manege. Nicht nur die Pferde, auch die Bereiter leiden an Karies. —

Die Sängerknaben endlich sind einer der berühmtesten Exportartikel Wiens. Die unreinen Soprane erwecken seit je reine Muttergefühle. Das Fatale am Knabensopran ist ja, daß er immer ein wenig falsch klingt, weil sich die Obertöne untereinander noch nicht vertragen. Oszillatoren, die diese Gesangskurven aufzeichnen, werden häufig gemütskrank. Aber in Wien, wo es alles gibt, was es andernorts nicht gibt, verfügt man auch über ein Sanatorium für gemütskranke Elektronikgeräte, und dort werden sie rasch wieder geheilt.

Zur Unterstreichung der gewaltigen Seemacht Österreichs treten die Sängerknaben in Matrosenuniformen auf. Der Dirigent ist der Kapitän, aber er trägt sinnigerweise keine Matrosenuniform, sondern einen Frack. Die Sängerknaben singen vor allem zur Weihnachtszeit auf Schallplatten, im Frühjahr und im Herbst machen sie Weltreisen und werden dabei häufig für Schiffsjungen gehalten, im Sommer erholen sie sich in Kärnten von ihren kehlkopfischen und anderweitigen Strapazen.

Ihr Repertoire ist umfangreich. Es beginnt bei den Madrigalen des Frühbarocks und endet bei Johann Strauß, einem ebenso heißgeliebten wie in Jubeljahren maßlos strapazierten Komponisten. Auch die Deutschen lieben Strauß über alles, auch wenn sie manchmal meinen, er heiße mit seinen Vornamen Franz Josef. War doch Straußens zweite Frau eine Kölnerin, so sagt man zumindest, und den Rheinländern liegt gleichfalls die tänzerische Leichtlebigkeit im Blut. Dennoch waren die fünf Ehejahre mit der Kölnerin für den Meister, der selbst weder tanzen noch lächeln konnte, ein Vorgeschmack auf die Hölle. Er schuf sich in Tönen einen typisch österreichischen Ersatzhimmel. Nicht alle möchten darin wohnen, denn der bürgerliche Dreivierteltakt sägt an den Nerven mehr, als man meint. Aber das ist ein theologisch-soziologisches Problem.

In Österreich neigt man nicht nur zum Zentralismus, sondern auch zur Verschmelzung von Dingen, die dafür höchst ungeeignet sind. So gibt es in Wien beispielsweise ein Amt mit dem Titel »Verbindungsstelle der österreichischen Bundesländer«, von dem man noch nie genau eruieren konnte, wozu es eigentlich dient. Überdies ist man ständig bemüht, neue Fusionen und Zusammenschlüsse herbeizuführen.

Eine dieser Institutionen, die sich mit der Förderung des Fremdenverkehrs befassen, hatte vor kurzem den Einfall, die Sängerknaben und die Lipizzaner miteinander zu verbinden.

Wenn beide für sich schon so beliebt sind, sagte man sich, wie unschlagbar müßten dann erst beide, zur Einheit verschmolzen, sein. So entwarf man eine Turnierkleidung für die Lipizzaner im Seemannslook und versuchte zudem, besonders musikalischen Hengsten das Wiehern des Donauwalzers beizubringen.

Vorderhand befinden sich diese Bemühungen noch im Anfangsstadium.

Schwierigkeiten gab es eigentlich nur bei der Frage, wer die Bekleidung für die Lipizzaner zu bezahlen hätte. Hier traten die üblichen Kompetenzstreitigkeiten auf, denn es ist nicht klar ersichtlich, ob hiefür das Denkmalamt, das Unterrichtsministerium, die spanische Botschaft oder das Landwirtschaftsministerium zuständig wären.

Ähnliche Bestrebungen, den Stephansdom mit dem Riesenrad zu vereinen, scheiterten bisher am berechtigten Einspruch des Domkapitels. Etliche Kleriker wären nicht schwindelfrei, gab man in einer Pressekonferenz zu bedenken, und ein Zelebrieren in luftiger Höhe könnte bestenfalls zugewanderten Älplerpriestern zugemutet werden. Außerdem gäbe es für jene Geistlichen, die in Scheunen, Ställen oder sonstigen Abfallprodukten moderner Architektur zu zelebrieren wünschten, genügend anderweitige Gelegenheiten*.

Eine Lösung böte sich vielleicht insofern an, als man das Riesenrad im Stephansdom aufstellen könnte. Dadurch würde sich dann das Geschehen der Firmung mit allen Begleiterscheinungen an Ort und Stelle abspielen können. Aber wer findet in Wien schon ein offenes Ohr für originelle Ideen! —

Neben dem Heurigen, dem Steffl, dem Riesenrad, den Lipizzanern und den Sängerknaben gibt es aber in Wien noch viele Dinge, die leider kaum beachtet werden. Und die

---

* Wien besitzt, das muß hier eingefügt werden, einige wunderschöne und viele schreckliche Kirchen, die meist in neugotischem oder neuromanischem Stil erbaut wurden. Wer sich etwa, von der imposanten Vorderansicht geblendet, in die Votivkirche begibt, verläßt möglicherweise zehn Minuten später unter Zähneklappern diese Stätte künstlerischer Verirrung.

St. Marx

dennoch so sehr Bestandteile einer Stadt sind, die eigentlich gar nicht existieren dürfte, so merkwürdig, verschroben, skurril und aus der Zeit gefallen mutet sie bisweilen an.

Nur in Wien konnte beispielsweise all die Gräßlichkeit des Jugendstils entstehen, dessen weltweite Beliebtheit in unserer Zeit von der fortschreitenden Degeneration der Menschheit zeugt.

Daß die Stadt Wien auch eine landwirtschaftliche Metropole ist, wissen nicht einmal die Stadtväter. Hier gibt es mehr Mähdrescher als in ganz Tirol, und hier wird auf Stadtgebiet mehr Weizen geerntet als in den drei westlichsten Bundesländern zusammen. Auch eine vierstellige Anzahl von Rindvieh ist hier zu finden, von vierbeinigem, versteht sich, denn das zweibeinige ist naturgemäß in weit größerem Ausmaß vorhanden.

Da gibt es ferner einen Stadtteil mit dem Namen St. Marx. Den Wienern ist dieser Name geläufig und deshalb für Denkanstöße nicht brauchbar. Den Marxisten aus der Fremde jedoch ist er ein Ärgernis, den ausländischen Theologen geradezu eine Blasphemie. Wird doch in den österreichischen Kirchen noch immer ein eigener Exorzismus gegen Karl Marx gebetet, freilich nur mit dem Ergebnis, daß sich der Vatikan seit Jahren um bessere Kontakte mit den Heilsanhängern des Proletarierapostels bemüht.

Um diesem Zwiespalt aber doch irgendwie beizukommen, hat man in Wien eine typisch österreichische Kompromißlösung gefunden. Man hat nach St. Marx eine ebenso notwendige wie unangenehme Stätte verlegt, nämlich den Großschlachthof der Gemeinde. Hier werden die aufgezüchteten Rohstofflieferanten von Tafelspitz und Schweinsgulasch kunstgerecht zuerst ans Messer und dann an die Fleischhauereien geliefert.

St. Marx aber hat, um sein geistiges Image zu unterstreichen, seit den Festwochen des Jahres 1975 auch noch Kulturelles zu bieten: eine ominöse neue Theaterstätte.

Zwar besitzt Wien der Theaterstätten mehr als genug, und wenn man wirklich einmal der Ansicht ist, eine davon zuviel zu haben, so reißt man sie einfach ab. In St. Marx aber spielte man zur Abwechslung einmal in einem Schweinestall, vermutlich dem Inhalt der gegebenen Stücke entsprechend. Der Erfolg war beim Publikum ebenso mäßig wie bei der Presse, was insofern verwundert, als die Zeitungskritiker im allgemeinen einen ausgesprochenen Hang zum Absonderlichen hegen.

Es soll in Wien reiche, doch leicht debile Herren geben, die sich schöne Villen bauen, herrliche Schlafzimmer darin einrichten, aber diese nicht benützen. Nein, wenn es Nacht wird über Wien, dann nehmen sie eine Roßhaardecke und steigen in den Kohlenkeller hinunter. Nur von einem dieser Herren konnte die Idee stammen, in einem Schweinestall Theater zu spielen, während das herrliche Ronacher leer steht.

Dennoch — das Theater im Schweinestall kann sogar auf einige Tradition hinweisen. Bis zur Fertigstellung seiner architektonischen Zwingburg auf dem Küniglberg war die Produktionsstätte des Österreichischen Fernsehens jahrelang in den ehemaligen Affenställen der Kaiserin Maria Theresia untergebracht. Und die Programme, die dort entstanden, waren besser als die in den modernen ORF-Silberschlachtschiffen ausgeheckten.

Aber zurück in die Innere Stadt, in den ersten Bezirk, zu den vielen unbekannten Merkwürdigkeiten innerhalb des Rings.

Da gibt es neben dem Hotel Sacher mit seinen TV-Fettwänsten als Portiers noch eine kulinarische Sehenswürdigkeit, und das ist der Demel*.

Der Demel ist ein Begriff für Wiener Süßigkeiten und adelige Gaumenfreuden. Selbst die Bedienung bis hinab zur letzten Putzfrau ist hier blauen Geblüts, was aber insofern nicht auffällt, als in Österreich das Tragen von Adelsprädikaten gesetzlich verboten ist.

Nun gehört es freilich zu den rührigsten Eigenschaften des Österreichers, alles das zu tun, was eigentlich verboten ist. Deshalb wimmelt es nirgendwo so sehr von Grafen, Fürsten, Baronessen, Freifrauen und deren unfreien Männern wie in Wien. Die Demütigung von Amts wegen, ohne das begehrte »von« zwischen Vor- und Zuname genannt zu werden, hat eine Reihe berühmter und hochwohlgeborener Personen in anderweitige Staatsbürgerschaften getrieben. Selbst für Herbert von Karajan war die Demütigung so stark, daß er sich staatsbürgerschaftlich ins Fürstentum Liechtenstein flüchtete. Steuerliche Gründe, die ihm böswilligerweise unterschoben werden, spielten dabei nur eine zweitrangige Rolle.

Der Demel selbst ist ein leicht heruntergekommenes Café mit halbblinden Spiegeln, einer ungemütlichen Einrichtung,

---

* Fachgerecht wienerisch ausgesprochen wie »Semmel«, nur statt des »S« ein »D«; wie bei »Torte«, fachgerecht wienerisch ausgesprochen.

muffiger Jugendstilatmosphäre und Preisen, die das Toupieren von Perücken ersparen. Dennoch weiß man nie, was in den adeligen Schaufenstern dieses Lokals passiert. Da kann es geschehen, daß zu Revolutionsfeiern des neuen Moskauer Patriarchats ein Bürgerkriegsrelief aus Zuckerguß und rotem Marzipan gezeigt wird, eine wahre Augenweide für Marxisten wie Leckermäuler. Und da in Österreich alles möglich ist, was andernorts nicht geschehen kann, frißt hier nicht die Revolution ihre Kinder, sondern hier verspeisen Zuckerschlecker die Revolution.

Gleichfalls im ersten Bezirk liegt eine der schönsten gotischen Kirchen Wiens mit einer teils recht häßlichen Inneneinrichtung, nämlich Maria am Gestade. Hier liegt der Schutzpatron Wiens, der heilige Klemens Maria Hofbauer, beerdigt, der aber, wie alle echten Wiener, kein Wiener war, sondern aus der Gegend um Znaim stammte.

Maria am Gestade heißt die Kirche vermutlich deshalb, weil weit und breit kein Gestade zu sehen ist. Immerhin ist es nur ein Katzensprung hinunter zum Donaukanal, dem grausigsten aller Schmutzgewässer Österreichs, gegen den sogar noch die Enns Trinkwasserqualität bietet.

In der Nähe von Maria am Gestade liegt eine andere höchst reizvolle Kirche, angeblich die älteste Wiens. Sie ist zudem die einzige der inneren Stadt, die ständig abgesperrt ist. Ein Plakat im Windfang erklärt auch, weshalb dem so sein muß. Stünde sie offen, so heißt es, würde sie dauernd geschändet. St. Rupert liegt am Ende der Judengasse. Wenn tatsächlich wahr ist, was das Plakat kündet, so gibt es in Österreich nicht bloß einen Antisemitismus der Getauften, sondern auch einen Antichristianismus der Beschnittenen.

Eine bekannte Straßenbahnhaltestelle am Ring trägt den klangvollen Namen »Bellaria«. Der Fremde vermutet dort ein imposantes Denkmal, ein monumentales Bauwerk, zumindest eine fotogene Säule. Nichts von alledem schiebt sich vor den suchenden Blick. Dieser stößt nur auf drei Marmorsockel mit den Büsten dreier Sozialdemokraten. Der mittlere von ihnen,

Viktor Adler, ist mit gestutzten Flügeln dargestellt — wahrscheinlich eine symbolische Auslegung seines Namens durch den gestaltenden Künstler.

Die Bellaria befindet sich auch keineswegs, wie man vermuten könnte, in der Nähe der Staatsoper, wo Abend für Abend mehr oder minder schöne Arien gesungen werden. In unmittelbarer Nähe des Denkmals liegt vielmehr das Parlament, das sich selten durch Wohlklang, wohl aber sehr häufig durch Gezänk, Intrigen und politische Wadelbeißereien als Hohes Haus mit tiefem Niveau erweist. Die Reden, die darin geführt werden, als schöne Arien zu bezeichnen, grenzt an Hohn. Hier wäre der Ausdruck »Malaria« eher gerechtfertigt, aber den haben schon die Mediziner für sich gebucht.

Von den anderen Bezirken ist wenig zu berichten.

Der zweite Bezirk, beteuern resolute Wiener, sei vorwiegend von Zuhältern, Dirnen und Ausländern besiedelt. Das stimmt nicht ganz, denn es hausen hier auch eine Menge Tschechen, Ungarn und Kroaten, also durchaus echte Wiener. Exotisch wird der zweite Bezirk freilich am Mexikoplatz, wo man kaum noch auf einen Menschen trifft, der Deutsch versteht. Dafür sind hier Dialekte zu hören, die jeden Professor der Slawistik in helles Entzücken geraten lassen*. In diesem zweiten Bezirk befindet sich übrigens auch der Prater, von dem schon die Rede war, jenes von Klamauk, Boshaftigkeit, stumpfem Sex und Salzgurkenverkäufern angereicherte Lärm- und Vergnügungsviertel.

Der dritte Bezirk beherbergt den Heumarkt. Dort wird keineswegs Futter für Kühe verkauft, wie man dem Namen nach vermuten würde, sondern hier ringen Bullen menschlichen Geblüts im Freistil miteinander. Manchmal vor lüsternen Kühen, wenn sogenannte Damentage ausgerufen sind.

Der vierte Bezirk hat Prinz Eugens schönste Hinterlassenschaft, das Belvedere, vorzuweisen, der fünfte nichts Besonderes, der sechste und der siebente teilen sich in die Mariahilfer

---

* Hier lebt man nach der bewährten österreichischen Devise: »Nicht am Balkan und doch zu Hause.«

Straße, im achten steht das Theater in der Josefstadt, im neunten das Allgemeine Krankenhaus.

Der zehnte Bezirk heißt Favoriten. Ob dort tatsächlich die favorisierten Wiener leben, läßt sich schwer feststellen*.

Die äußeren Bezirke sind für den Fremden nur insofern von Bedeutung, als zu ihnen Sievering und Grinzing zählen, wo sich jeder, ohne unangenehm aufzufallen, wilden Besäufnissen hingeben kann. Womit sich der Kreis geschlossen hat und man wiederum weinselig beim wahren Wien, beim Heurigen, angelangt ist.

* Favorit ist dieser Bezirk allerdings in seiner Bevölkerungsdichte. Wäre Favoriten nicht ein Teil Wiens, so würde es den Rang der drittgrößten Stadt Österreichs hinter Graz und Linz einnehmen.

> „Ich schnitt es gern in alle Rinden
> ein..."
> (Franz Schubert, Das Lied vom Taschen-
> messer)

3 Musik und Kunst oder Von eingeborenen Gastarbeitern und genialen Sackgassen

Die Österreicher sind ein Volk von hoher Kultur. Das zeigt sich am deutlichsten in ihrem intimen Verhältnis zu Speisen und Getränken.

Die Franzosen unterscheiden streng zwischen Gourmands und Gourmets. Die Österreicher vereinen beide Begriffe. Sie sind Genießer köstlicher Zungenreize, aber sie haben auch nichts dagegen, diese Reize in gewaltigen Mengen zu sich zu nehmen. Dementsprechend sehen auch die meisten von ihnen aus.

Vor allem das weibliche Geschlecht — und hier wieder vor allem jenes im östlichen Teil des Landes — pflegt einen Großteil seiner Freizeit an Orten zuzubringen, die ihre Entstehung der Türkenbelagerung von 1683 verdanken. Damals gründete ein gewisser Kolschitzky das erste Kaffeehaus in Wien. Bald schon gehörte diese Einrichtung zu den wesentlichsten Errungenschaften der Stadt. Sie ist es auch bis auf den heutigen Tag geblieben, wenn auch die Zahl der Cafés in jüngster Zeit abnimmt.

In den Kaffeehäusern kann man die Wienerinnen beobachten, wie sie Halbverhungerte im Schlaraffenland spielen, sich durch wahre Berge süßer Torten und Schlagobers essen, wohlig seufzend den runden Leib betasten, den engen Schnitt ihrer Kleider beklagen und zum Trost eine neue Fuhre an Süßigkeiten bestellen. Dazwischen wird geplauscht und getratscht. Da wird die Nachbarin durch den Kakao gezogen und an den stumpfsinnigen Ehemännern kein gutes Haar gelassen, da werden die Behörden verunglimpft und Erfahrungen über

Schneiderinnen, Friseusen und Abmagerungskuren ausgetauscht.

Dies alles scheint mit Kultur wenig zu tun zu haben. Aber das ist ein Irrtum.

Denn auch der Wiener männlichen Geschlechts sucht seit eh und je sein Stammcafé auf. Er begnügt sich dort nicht mit fruchtlosem Tratsch. Er liest vielmehr die Zeitungen und macht so die Kultur.

Von Alfred Polgar stammt der Satz, die Wiener gingen deshalb so gern ins Café, weil sie dort nicht daheim und doch nicht an der frischen Luft wären.

Aber die Liebe des Wieners fürs Kaffeehaus hat auch noch andere Gründe. Die Wohnungen in der Bundeshauptstadt sind meist ungemütlich, denn von der Wohnkultur hält man in Wien im Vergleich zum Essen herzlich wenig. Vielfach gibt es nicht einmal Wasseranschlüsse innerhalb der eigenen vier Wände; man muß dieses an der sogenannten Bassena holen, einem Kommunikationsbrunnen im Stiegenhaus und damit einer Stätte des martialischsten Tratsches. Daneben sitzt zu Hause auch häufig eine Gattin, mehr resch als fesch, der es zu entfliehen gilt. Denn mag die Ehefrau auch noch so viele gute Eigenschaften haben: ihr Hang zum ständigen Nörgeln zählt zu den weniger erfreulichen Dingen ihres Charakters.

Darum besucht der Wiener sein Stammcafé prinzipiell allein, wie auch seine Gattin allein ins Café geht. Ehepaare, die zusammen dasselbe Kaffeehaus besuchen, geraten in den Verdacht, pervers veranlagt zu sein.

Kein Wunder, daß das Wiener Café nicht bloß eine Art Philosophie, sondern eine Weltanschauung ist und daß der Genuß von Kaffee dementsprechend einer Kulthandlung gleichkommt.

Wer, von derlei Dingen unbelastet, in einem echten Wiener Café eine »Tasse Kaffee« verlangt, dabei womöglich das Getränk auch noch auf dem »a« betont, sollte sich der Folgen seines Tuns bewußt sein.

Er wird zunächst mit einiger Verachtung gestraft. Das Bedienungspersonal hält ihn für einen Barbaren, der Besitzer für einen verkleideten Gorilla. Denn erstens trinkt man in Wien nur Kaffee, der genauso ausgesprochen wird wie das Café. Zweitens trinkt man den Kaffee nicht aus Tassen, sondern aus Schalen. Und drittens trinkt man überhaupt keinen Kaffee, sondern ein Kaffeegetränk bestimmten Namens. Kaffee ohne nähere Definition zu verlangen wäre ähnlich unbillig, wie die Frage nach der Konfession mit »Pantheist« zu beantworten.

Zunächst einmal trinkt der echte Wiener den echten Kaffee aus Teeschalen. Natürlich kann man, um sich keine Blöße zu geben, einen Espresso verlangen. Für das Italienische hat man in Wien seit je eine geheime Vorliebe, und nicht nur in Tirol gibt es eine Unzahl echter Österreicher mit italienischen Namen. Wer einen »Kleinen Braunen« verlangt, nähert sich langsam dem Kern der Philosophie, ohne dies vielleicht zu ahnen. »Kaffee mit Schlag« wirkt noch besser. Dabei darf aber auf keinen Fall »Schlagsahne« verlangt werden, denn auf dieses Wort reagiert der Wiener allergisch. Eine »Melange« ist eine Mischung, die je zur Hälfte aus Kaffee und Milch besteht. Auch die »Teeschale« gehört zu den Kaffeegetränken, denn das Paradoxe ist ja in Wien und vor allem im Café zu Hause. Eine »Teeschale licht« enthält mehr Milch als Kaffee, und je nach Mischung und Farbe unterscheidet man noch »Teeschale Gold«, »Nuß« oder »Kapuziner«. Wer im Café einen »Einspänner« bestellt, erhält Kaffee im Glas mit Schlagobers darauf*. »Teeschale mit Haut« bringt schon vielen Westösterreichern das Gruseln bei, für die Wiener ist sie eine Delikatesse. Da der »Große« und der »Kleine Schwarze« nicht politisch gemeint sind, kann man auch ruhig einen »Neger« verlangen und wird dafür dasselbe bekommen. Und weil nun

---

* Ein »Einspänner« in einem Beisel** bestellt, ist eine passable Zwischenmahlzeit: ein kleines Würstchen in Gulaschsoße. Bestellt man jedoch telefonisch einen Einspänner, so kommt garantiert ein Fiaker angefahren. Die Vieldeutigkeit ein und desselben Wortes ist im Wienerischen manchmal häufiger als im Chinesischen.
** Urgemütliches bis ungemütliches kleines Wiener Gasthaus.

schon exotische Bereiche aufgeschlossen wurden und auch den muselmanischen Stammvätern des Cafés die nötige Reverenz erwiesen werden soll, muß die kleine Auswahl erhältlicher Kaffeegetränke unbedingt noch durch den »Türkischen« ergänzt werden. Dieser wird in Kupferkännchen serviert, und zwar wiederum in verschiedenen Varianten, mit oder ohne Zucker, mit Satz oder passiert.

Aber nach dieser Ausschweifung in die Getränkelehre ist es an der Zeit, wieder dem Lokal zuzuschweifen, wo diese braunen Flüssigkeiten ausgeschenkt werden.

In jedem Kaffeehaus läßt sich unschwer feststellen, daß die Wiener ein musikalisches Volk sind. Wenn sie miteinander sprechen, so raunzen sie sich an, sie verkehren untereinander in einer Art Sprechgesang, der sich von syllabischer Eintönigkeit bis zur melismatischen Auseinandersetzung steigert. Die instrumentale Entsprechung des Wiener Dialekts ist zweifellos die Oboe, die im Kreis des Orchesters wohl eine ähnliche Rolle spielt wie Graf Bobby in Adelskreisen.

Kein Wunder, daß die Musik nicht nur auf den Kehlkopf beschränkt bleibt. In Wien hängt der Himmel nicht nur voller Rauchschwaden und Geigen; jede zweite Familie hat auch ein Klavier in der Schublade, das zu festlichen Anlässen hervorgeholt und von Großmüttern wie Enkelinnen eifrig traktiert wird.

Die Wiener Musik ist ein unbestreitbarer Qualitätsbegriff. Daß sie großteils von Nichtwienern komponiert wurde, stört die Wiener nicht im geringsten. Daß Beethoven aus Bonn kam und Brahms aus Hamburg; daß Mozart in Salzburg die Töne dieser Welt erblickte, als Salzburg noch lange nicht zu Österreich gehörte; und daß Haydn und Liszt im ehemaligen Ungarn zu Hause waren: das wird nicht einmal ignoriert. Sie alle gelten als echte Wiener. Gustav Mahler reiste aus Böhmen ein, Bruckner war ein Mostschädel aus Oberösterreich: trotzdem schufen sie echte Wiener Musik.

Zur Kunst und zu den Künsten haben die Österreicher und vor allem die Wiener ein recht eigenartiges Verhältnis.

Sie verstehen nicht viel davon, aber sie lassen auch nichts auf sie kommen. Vorausgesetzt, die Kunst ist mindestens hundert Jahre alt und steht unter Denkmalschutz. Die Künstler selber dürfen manchmal ein bißchen jünger sein, aber auch ihre Popularität beginnt erst richtig nach ihrer Beerdigung.

Die Wiener lassen prinzipiell nur Wiener Kunst gelten. Es ist daher das erste Bestreben jedes zugereisten Künstlers, sofern er Wert auf Anerkennung legt, ein Wiener zu werden.

Diesem Bestreben huldigten vor allem in der Vergangenheit sehr viele Künstler. Sie kamen als innerösterreichische Gastarbeiter nach Wien, aus unzugänglichen Tälern und von Bergeshöhen herab, sie akklimatisierten sich hier allmählich, bis sie sich endlich als echte Einwohner der Stadt an der Donau auszugeben wagten.

Heute ist das etwas anders. Denn jetzt werden sie von ihren Ursprungsorten in der emanzipierten Provinz wieder für sich beansprucht. Das bringt die echten Wiener, die seit mindestens drei Generationen nicht mehr in der Tschechei hausen, natürlich auf die Palme. Erstens fühlen sie sich um ihre hauseigenen Genies betrogen, und zweitens befürchten sie, auch ihre Ursprungsorte könnten sie eines Tages wieder beanspruchen.

Als vor einem Vierteljahrhundert die neuen Fresken im Innsbrucker Hauptbahnhof enthüllt wurden, geriet das Volk Tirols in einen Revolutionsrausch. Tausende versammelten sich vor den Gemälden und beschimpften den heimischen Schöpfer, titulierten ihn mit den schrecklichsten Verbalinjurien und drohten ihm Sanktionen gegen Leib und Leben an. Knapp zuvor hatte derselbe Maler gewagt, auf dem Altarbild einer kleinen Kirche die Wiltener Schützen inmitten einer Kreuzigungsgruppe auftreten zu lassen, wie eben auch die Maler früherer Epochen ganz selbstverständlich ihre Landsleute als Staffage für ihre frommen Pinseleien benutzten.

Aber die Wiltener Schützen ertrugen solches nicht. Sie wurden wild, schulterten die Morgensterne und stopften die Flinten. Die Bilder mußten verhängt werden und blieben dies auch zwanzig Jahre lang. Als man sie dann wieder frei machte, wunderte man sich über ihre Zahmheit und schob die Schuld an der blamablen Angelegenheit kirchlichen Stellen in die Schuhe*.

Nun, da der Maler dieser umstrittenen Gemälde seit vielen Jahren an der Wiener Akademie lehrt, nimmt man ihn auch in Innsbruck allmählich zur Kenntnis. Das erste Exemplar einer großen Monographie über sein Werk wurde öffentlich dem Landeshauptmann übergeben, und das ganze Land war plötzlich stolz auf seinen großen Sohn.

Die Wiener aber, die in der Zwischenzeit den Maler als

---

* Wäre statt der Wiltener Schützen die Wiener Feuerwehr auf besagtes Kreuzigungsbild geraten, so hätte man das vermutlich widerspruchslos hingenommen. Auf dem Deckenfresko der Dorfkirche zu St. Jakob im Defreggen sind im Gefolge Kaiser Karls I. Dollfuß, Fey und Starhemberg verewigt, ohne daß jemals ein Einheimischer daran Anstoß genommen hätte.

einen der Ihren betrachteten, wurden daraufhin wieder mißtrauisch. Nun sitzt der Ärmste traurig vor seinem Bier, weint ins Glas und weiß nicht mehr, wohin er gehört.

Auch den größten Baumeister des österreichischen Barocks, Jakob Prandtauer, zog es von Tirol in den Osten des Landes. Er baute dort die schönsten Stifte, Klöster und Kirchen, die sich erträumen ließen, und als Fleißaufgabe noch halb St. Pölten. Er holte seine Landsmänner Josef Munggenast als Polier und Paul Troger als Maler zu sich. Und die Barockschöpfungen dieser drei verklären das Auge jedes echten Österreichers, und das ausnahmsweise einmal mit vollem Recht. Prandtauers und Munggenasts Kirchen sind ein wahrer Abglanz des Himmels geworden.

Nun weiß allein der Himmel, was aus den beiden geworden wäre, hätten sie seinerzeit in Tirol bleiben müssen. Vermutlich hätte man ihnen dort das Geniale mit allerlei Bosheiten ausgetrieben und rechtschaffene Maurer aus ihnen gemacht, denen bestenfalls Viehställe in den Lawinenhängen des Stanzer Tales gelungen wären.

Trotz seiner großen Erfolge blieb — ebenso wie sein Neffe Munggenast — Prandtauer sein Leben lang überaus bescheiden. Seine Briefe und Rechnungen unterzeichnete er mit seinem Namen und der Berufsangabe »Maurermeister«, einem Titel also, welcher heutzutage schon bei mittelbegabten Polieren einigen Mißmut auslösen würde. Prandtauer aber hielt sich damit wohl stets vor Augen, wie weit er es in Tirol bestenfalls gebracht hätte.

Vielleicht dachte ähnliches auch Clemens Holzmeister aus dem Stubaital.

Er zog in die Fremde, errichtete eine Menge Kirchen, Krematorien und Projekte ähnlicher Spielart in aller Welt, plante das Regierungsviertel von Ankara, ist berühmt und beliebt, Vater einer begabten Burgschauspielerin und als Tiroler nur noch zu erkennen, sobald er den Mund auftat.

Noch ärger als mit den bildenden Künstlern steht Österreich mit seinen Dichtern auf Kriegsfuß.

Österreichs größter Klassiker, Franz Grillparzer, sperrte seine Alterswerke in die Lade, weil ihn das Publikum tödlich erbost hatte. Manche Leute bedauern, daß seine Erben sie nicht dringelassen haben. Immerhin darf Grillparzer für sich in Anspruch nehmen, das erste moderne Lesbierinnendrama geschrieben zu haben, die »Sappho«. Und das hundertfünfzig Jahre vor Ingmar Bergman mit seinen verruchten Schwedenmädchen, und noch dazu als k. u. k. Hofrat!

Der von manchen geschmähte, aber nicht geringere Dichter als Grillparzer, Johann Nestroy, kannte die österreichischen Gefängnisse von innen und außen. Sein Zynismus entsprang gewiß nicht nur den bösartigen Erfahrungen, die ihm seine Ehe bescherte, weshalb er diese Institution als »beiderseitige Lebensverbitterungsanstalt« bezeichnete. Schließlich vermochte er sich ja von seinem feuerspeienden Hausdrachen freizumachen*.

Ferdinand Raimund beging sogar Selbstmord, weil er sich von einem tollwütigen Hund gebissen glaubte. So heißt zumindest. Aber auch das stimmt nicht ganz. Der Hund war nicht tollwütig gewesen, wohl aber das Wiener Publikum bissiger als eine ganze Hundemeute.

Selbst noch Adalbert Stifter, immerhin ein Nichtwiener, der der ebenso untadeligen wie kaum Sympathien erweckenden Zunft der Schulinspektoren angehörte, wählte den Freitod — angeblich, nachdem er eines seiner Manuskripte mit einem Schüleraufsatz verwechselt und wegen untragbarer Langeweile mit einem Nichtgenügend klassifiziert hatte. Die ihm untertane Lehrerschaft war gewiß nicht schuld an seinem Tod, sie schielte wohl selber nach dem Strick, sobald der gewaltige Herr mit gezücktem Qualifikationsbuch auftauchte.

Es muß das Klima in Österreich sein, das die Dichter immer wieder in die seltsamsten Todesarten hineintreibt.

Es gibt deren eine ganze Reihe, die den Fahrschein für ihr

---

* Die Tendenzen seiner späteren Stücke lassen keinen Schluß darauf zu, daß seine zweite Lebensgemeinschaft mit Maria Weiler unter günstigeren Aspekten abgelaufen wäre.

Leben aus dem Donau-Expreß geworfen haben und hinterdreingesprungen sind. Auch Josef Weinheber zählte zu ihnen. Die alten Nazis, die Weinheber zu den Ihren zählen, behaupten, der Untergang des Hitlerreiches hätte ihn dazu veranlaßt. Bürgerliche Schreckbolde aber warten mit ganz anderen Dingen auf. Sie berichten, er hätte es nach einem wilden Ehekrach getan, nachdem seine Gemahlin von der Existenz eines Sohnes erfahren hatte, der ihm von der großen Liebe seines Lebens, einer Germanistikstudentin, vier Jahre zuvor geboren worden war.

Andere Dichter wiederum hielten es mehr mit passiv-skurrilen Todesarten. Sie verbrannten im Bett, weil sie mit glimmenden Zigaretten zu schlafen pflegten; oder sie ließen sich von umstürzenden Alleebäumen erschlagen. Man sieht, dem Erfindungsreichtum österreichischer Autoren sind auch auf dem Sterbesektor keine Grenzen gesetzt.

Etliche allerdings waren so übersteigert skurril, daß sie sich der geheimen Skurrilität Österreichs anzupassen vermochten und damit steinalt wurden. Davon zeugen Leute wie Herzmanovsky-Orlando, Heimito von Doderer und der schon genannte Albert Paris Gütersloh, der ja auch ein Dichter war — alle drei tragen übrigens Namen, die wie Leckerbissen auf der Zunge zergehen.

Vielleicht waren den Österreichern ihre Dichter schon immer deshalb ein wenig unheimlich, weil so viele von ihnen literarische Gastarbeiter waren. Die bedeutendsten von ihnen kamen aus der Tschechoslowakei, vorwiegend aus Prag, von Rilke über Brod und Werfel bis zum Versicherungsmenschen Kafka. Außerdem waren, vor allem in der Zwischenkriegszeit, von zehn österreichischen Dichtern elf Juden — ein Prozentsatz, der heute nur noch bei Politikern der linken Mitte erreicht wird. Beim Studieren der Literaturgeschichte fällt auf, daß die große deutsche Literatur des 20. Jahrhunderts vorwiegend von Österreichern geschrieben wurde, die aus Prag stammten und Juden waren. Das ist ein Höchstmaß an Kompliziertheit. Denn für gewöhnlich sind die Österreicher keine

Deutschen, die Prager keine Österreicher und die Österreicher keine Juden. Derlei verwirrt den normalen Staatsbürger natürlich, weshalb er sich an den Autoren in Bausch und Papierbogen abreagiert.

Ein ungetrübteres Verhältnis hat der Österreicher zur Musik, vorausgesetzt, daß sie nicht allzu jungen Entstehungsdatums ist.

Die großen Meister der Klassik braucht man nicht eigens vorzustellen. Selbst Bruckner, der eigensinnige Bauernschädel aus Ansfelden, hat es inzwischen zu einiger Beliebtheit gebracht.

Diffiziler liegen die Dinge bei den jüngeren Komponisten. Die Misere beginnt eigentlich schon bei Gustav Mahler.

Der Mann wurde zunächst einmal dadurch bekannt, daß ihn seine Witwe, eine ziemlich wilde Person, um einige Jahrzehnte überlebte. Darin sehr ähnlich ist ihr die Witwe eines anderen modernen Komponisten, nämlich die Alban Bergs, eine gleichfalls nicht gerade sanfte Dame. Alma Mahler, die von einigen berühmten Männern wie Gropius und Werfel geheiratet, von mehreren berühmten Männern wie Kokoschka heiß umworben und von zahllosen berühmten Männern verehrt wurde sowie allen restlichen berühmten Männern ein hehrer Begriff war, ist auch die Ahnherrin all jener zahllosen Künstler-Selbstbespiegelungen, wie sie derzeit die Regale der Buchhandlungen, dick, brav und gaulgeschmückt, füllen.

Doch zurück zu ihrem Gemahl Nummer eins, zu Gustav Mahler. Er schrieb, wie das bei Komponisten im Wiener Raum so üblich ist, neun Sinfonien*, deren kürzeste bloß eine Stunde

---

* Nachlässige Komponisten, die nicht genau neun Sinfonien schrieben, wurden nachträglich zu neun Sinfonien verurteilt, weil sich dies seit Beethoven so ziemt. Es ist noch nicht lange her, daß Schuberts 9. Sinfonie in C-Dur als seine siebente gezählt wurde. Und daß Bruckner nicht neun, sondern elf Sinfonien geschrieben hat, wissen nur die Musikgelehrten. Der Unfug hat auch längst auf das Gebiet der ehemaligen Monarchie übergegriffen. Dvoraks 9. Sinfonie zum Beispiel, die e-mollige aus der neuen Welt, war noch vor wenigen Jahren seine fünfte.

dauert. Seine Frau, hieß es, sperrte ihn tagelang in einem Sommerhäuschen im Salzkammergut ein und ließ ihn nur heraus, wenn er eine entsprechende Menge geschriebener Noten vorweisen konnte. So entstanden jene Lindwürmer sinfonischer Monstren und ein passables Herzleiden dazu.

Auch was die Zahl der Ausführenden betraf, kannte Mahler, wohl um seine Wut gegen die Beschränktheit der ihn umgebenden vier Wändchen abzureagieren, keine Grenzen. Für die Aufführung seiner achten Sinfonie etwa wären ihm an die tausend Mitwirkende gerade genug gewesen.

Mahlers musikalischer Einfall war nicht übermäßig reichhaltig. Aber er betrieb eine erstaunlich exakt arbeitende musikalische Müllverwertungsanlage. Was von den Großen abfiel, verstand er meisterlich als Rohmaterial an seine Monstren zu verfüttern.

Noch umstrittener als er sind die drei Hauptvertreter der sogenannten Wiener Schule — Arnold Schoenberg, Alban Berg und Anton von Webern. Schoenberg erfand, als ihm im spätromantischen Stil nichts mehr einfiel, die Zwölftontechnik. Sie ist eine ebenso trickreiche wie scheußlich anzuhörende Musik, die aber von zahlreichen Eingeweihten als die einzig mögliche Zukunft akustischer Ausdrucksmöglichkeiten gepriesen wird. Berg und Weber folgen ihrem Meister ergeben, desgleichen ein paar Dutzend bedeutungsloser Epigonen. Das Ganze stellt vermutlich die genialste Sackgasse der Musikliteratur aller Zeiten und Länder dar und konnte wohl nur in Österreich seinen Ursprung haben. Während Berg immerhin noch bemüht war, dem Lehrgebäude durch eine romantisch klingende Tarnfarbe Zuhörer zu gewinnen, wie schon die Märchenhexe das Lebkuchenhaus als Lockmittel verwendet hat, entwarf Anton von Webern gar noch eine Stenografie zur Schoenbergschen Reihentechnik. Und nun fahren auf diesen Einbahnstraßen vorwiegend die jungen und jüngsten Komponisten dahin, und die Stauungen nehmen kein Ende. Manchmal klingen ihre Produkte, als würde ein Orchester während des Stimmens in die Flucht geschlagen, weil es in einer Fabrikshalle ein Konzert geben sollte, aber aus Versehen in einen Schlachthof geraten ist. Da paßt kein Ton zum andern, da quiekt, krächzt und gurgelt es, da klirren Fensterscheiben und stürzen volle Bierkisten aufs Stapelpflaster, und das alles nach einem streng mathematisch geordneten System. Kurzum, das berechnete Chaos ist vollkommen. —

Ein Komponist jedoch, der in Österreich an Popularität alles in den Schatten stellt, was sich akustisch aufbieten läßt, ist Johann Strauß. Seinetwegen hat man während Hitlers tausendjährigem Reich sogar eine großangelegte Taufregisterfälschung inszeniert, um die jüdische Herkunft des Dreivierteltaktmeisters zu verschleiern.

Nicht einmal Mozart hat es zu solch einem Bekanntheitsgrad gebracht, denn er zergeht vielen Leuten nur als kulinarische Leckerkugel auf der Zunge. Strauß aber gilt als der fulminante Höhepunkt musikalischen Denkvermögens des Österreichischen, und zahllose Österreicher glauben das sogar.

Wie häufig bei solch übergroßer Popularität wird auch hier die Bedeutung des Mannes überschätzt. Sie findet ihr Gegenstück nur in der hemmungslosen Verehrung Arthur Schnitzlers auf dem Gebiet der Literatur. Man kann zwar nicht sagen, daß es Strauß an Einfällen gemangelt hätte*. Im Gegenteil. Als Höhepunkt des Straußschen Einfallsreichtums gilt eine Operette, die den Namen eines Nachtvogels trägt, der gar kein Vogel, sondern ein fliegendes Säugetier ist: die »Fledermaus«. Aber nicht nur das macht Strauß verdächtig, sondern auch sein Geburtstag im Zeichen des Skorpions. Er gehört damit von der ersten Stunde seines Lebens jenem Menschenschlag an, dem man nur mit umgehender Sorgfalt begegnen sollte. Besitzen die Skorpione doch alle irgendwo einen gefährlichen Giftstachel, mit dem sie recht gut um sich zu spritzen wissen.

---

* Straußens originellster Einfall war zweifellos der, sich einen schwarzen Pudel zu halten und ihm jene zahllosen Haarlocken abzuschneiden, die die schmachtenden Verehrerinnen am Busen zu tragen wünschten.

Hanslick hat sich seinerzeit fatal in der Beurteilung von Wagner und Bruckner geirrt. Wagner und Brahms haben sich ebenso schlimm bei Strauß geirrt, als sie ihn über den Dreiviertelklee lobten. Es wird erzählt, daß einmal eine Dame Brahms ihren Fächer mit der Bitte um ein Autogramm überreicht habe. Auf dem Fächer standen die Anfangstakte des Donauwalzers. Brahms schrieb unter die zerlegten Dreiklänge: »Leider nicht von mir.« Manchmal sind auch die Hamburger höfliche Leute.

Auch der Bayer Richard Strauss wurde auf die schon mehrfach erwähnte Weise längst unter die österreichischen Komponisten eingereiht, und da der Name Strauss ohnehin mit Wien untrennbar verbunden ist, störte auch die fehlende Verwandtschaft nicht. Immerhin war Richard Strauss von Wien so beeindruckt, daß er die wienerischste aller Opern und das wienerischste aller Ballette schrieb: den »Rosenkavalier« und das »Schlagobersballett«. Den »Rosenkavalier« nach einem blitzgescheiten Textbuch von Hugo von Hofmannsthal, das Schlagobersballett nach einem ebenso blitzdummen aus seiner eigenen Feder. Denn im Unterschied zu seinem Vornamenskollegen Wagner war Strauss ein miserabler Librettist. Dennoch, die Walzer in beiden Werken haben es in sich, und man kann sie — im Unterschied zu jenen der Johannse, Josefs, Eduards & Co. — anhören, ohne seekrank zu werden.

Trotz der vielen Nichtwiener, die der Wiener Musik zur Weltgeltung verholfen haben, hat Wien auch einen ureigensten Komponisten hervorgebracht, der vermutlich der größte von allen war, zumindest was die Kraft und die Melodik seiner Einfälle betrifft: Franz Schubert*.

Er hat neben der unerschöpflichen Fülle seiner Melodien noch etwas beherrscht, was Johann Strauß nie gelernt hat, nämlich die sinfonische Verarbeitung des Materials. Strauß bumst in seinem dreischlägigen Küchen- und Kellerrhythmus

---

* Schuberts Abstammung ist jedoch atypisch für die echten Wiener: Seine Vorfahren stammten nicht aus der Tschechei, sondern aus Schlesien.

seine besten Inspirationen dem Zuhörer in die Magengegend. So wie ein Wirt, der den Gästen das Spanferkel samt Schwarte auf den Teller knallt und kein Besteck dazu auftischt.

Schubert versteht sich auf die Kunst des Kochens und Anrichtens.

Mit einundzwanzig Jahren ging Schubert ins Ausland, das damals noch kein Ausland war, nämlich in die Slowakei. Ein Zimmermädchen, das ihm wohl gefiel, selbst aber Gefallen an rauhen und lusterpichten Männern hatte, bescherte ihm ein fatales Andenken. Dieses brachte den Meister fünf Jahre später zu schmerzlichen Kuren ins Spital. Dort komponierte er in elendester seelischer Verfassung seinen herrlichsten Liederzyklus, »Die schöne Müllerin«. Wenn man heute Wienurlaubern jene Mühle zeigt, wo einst die schöne Müllerin gelebt haben soll, der Schubert seine unsterblichen Lieder gewidmet habe, so lügt man trickreich mit einem Seitenblick auf den gerührten Geldbeutel. Dem Entstehungsort zufolge könnte der Zyklus bestenfalls »Die häßliche Krankenschwester« heißen.

Das Ende Schuberts verlief tragisch. Die Penicilline waren damals noch nicht entdeckt, und weitere fünf Jahre später starb einer der Begnadetsten der Musik an einem lächerlichfürchterlichen Kavaliersinfekt, wie Zehntausende vor, mit und nach ihm. Ein österreichisches Schicksal mit geradezu haarsträubender Ironie: Der Komponist, der wie kein anderer die entsagungsreiche Liebe in Töne umzumünzen verstanden hatte, starb an den Spätfolgen einer plumpen Verführung.

Auch die anderen österreichischen Komponisten zeigten häufig einen Hang zum Skurrilen. Die »Kindersinfonie« von Josef Haydn — die angeblich von Leopold Mozart stammt — ist sicher noch ein erträglicher Scherz. Die »Jagdsinfonie« von Leopold Mozart — die angeblich von Michael Haydn stammt und bei der Hunde über die Bühne getrieben werden — wirkt schon beängstigender. Beethoven aber, auch im außermusikalischen Bereich ein Titan, läßt in seinem Tongemälde »Wellingtons Sieg bei Vittoria« von der Konzertgalerie herab

Gewehre knattern und vor dem Konzerthaus die Artillerie Salut schießen. Das machte ihn übrigens zu Lebzeiten berühmter als seine neun Sinfonien.

Die Skurrilität folgte vielen Komponisten in den Tod, der häufig, wie auch bei den Dichtern, kein natürlicher war. Lediglich Haydn und Bruckner können ein Recht auf ein natürliches Ende beanspruchen. Aber bei Mozart weiß man bis heute nicht, ob er nicht durch seinen Konkurrenten Salieri vergiftet worden ist. Über Schuberts Ablebensgrund im Alter von einunddreißig Jahren schweigt man sich ebenso diskret aus wie über Hugo Wolfs Paralyse ähnlichen Ursprungs. Und selbst von den drei verfemten Neuerern, von Schoenberg, Berg und Webern, kann nur der emigrierte Schoenberg auf einen halbwegs normalen Tod hinweisen. Die im Land verbliebenen beiden anderen fanden ihr Ende auf eine kaum nachahmenswerte Weise. Alban Berg starb, erst fünfzigjährig, an einem blutvergiftenden Insektenstich, und Anton von Webern wurde versehentlich von einem amerikanischen Besatzungssoldaten erschossen. —

Österreichs geheime, wenn auch häufig unglückliche Liebe gehörte schon immer dem Export, auch auf musikalischem Gebiet. In früheren Zeiten exportierte man, neben Komponisten, Sinfonien, Opern, Tänzen und Bösendorferflügeln auch Nationalhymnen. Die Marseillaise stammt von Ignaz Pleyel, die deutsche Hymne von Joseph Haydn.

Österreichs heutige Bundeshymne hingegen entlehnte man der Mozartschen Freimaurerkantate. Ein ehemaliger Wiener Vizebürgermeister, selbst begeisterter Freimaurer, dürfte da seine Kelle im Spiel gehabt haben. Den neuen Text zur alten Melodie schrieb Paula von Preradović, die, wie schon ihr Name kundtut, zu den ganz echten Österreicherinnen gezählt werden muß.

Eingebürgert hat sich diese neue Hymne bis auf den heutigen Tag nicht recht, denn was hundertfünfzig Jahre lang als Haydn in den Ohren klang, wird mit Mozart nicht so rasch ausgetrieben. Nach dem Zweiten Weltkrieg übernahmen die

Deutschen dankbar die herrenlos gewordene Hymne, und den Österreichern treten heute noch Tränen der Rührung in die Augen, wenn sie sie zufällig einmal im Fernsehen hören, während sie die eigene eher für ein akademisches Trinklied halten.

Johann-Strauß-Fanatiker behaupten, Österreich besäße noch eine zweite, eine geheime Nationalhymne, und das wäre der Donauwalzer.

Der Text zu diesem Walzer ist allerdings von beispielloser Dummheit. Man kann die geheime Nationalhymne also schlimmstenfalls summen, und auch da nur einzelne Teile daraus, denn als Ganzes ist sie ein musikalischer Bandwurm im Dreivierteltakt.

Bleibt noch die dritte Nationalhymne zu erwähnen, die einzig wahre und bekannte, die allerdings weder gesungen noch getanzt, sondern nur räsoniert wird. Sie ist kurz, bündig, doch von eindringlicher Einprägsamkeit. Sie besteht aus der Strophe »Da muß was geschehn« und dem Refrain »Da kann man nichts machen«. —

Kehren wir zum Ausgangspunkt der Wiener Kultur, zur Eßkultur, zurück.

Die Wiener Küche ist weltbekannt — wienerisch freilich ist sie nur in den seltensten Fällen.

Das Wiener Schnitzel kommt aus der Lombardei, ein typischer Fall von Annexion.

Die Wiener Semmelknödel kommen aus Böhmen, und die Wiener Serviettenknödel kommen, bestellt man sie heute, indirekt aus einer Waschpulverfabrik.

Die Palatschinke stammt aus Ungarn und wurde durch eine italienische Prinzessin eingebürgert. Hier liegt sogar der Fall einer zweifachen Annexion vor.

Echt wienerisch sind eigentlich nur die Tafelspitze. Insgesamt Feinspitze, die von Feinspitzen in Feinspitzlokalen verzehrt werden. Da gibt es den Brustspitz, den Kavaliersspitz — der bestimmte männliche Drüsen anregen soll —, den Kruspelspitz und noch vielerlei andere Spitzfindigkeiten.

Und kommt man erst zu den Mehlspeisen, angefangen bei

den Powidltatschkerln, die schon dem Namen nach fremdländischen Ursprungs sind, so vergeht ohnehin den Gaumennerven das Fragen nach der Herkunft. Man ißt sich am besten durch all die Köstlichkeiten und stellt schon eine Woche später auf der Waage fest, daß die Wiener Küche keine Diätküche ist. Abmagern kann man bei ihr nur in zwei Fällen: Entweder man genießt sie auf platonische Art, indem man wäßrigen Mundes, aber nur mit den Augen die Speisekarten und Kochbücher verschlingt. Oder man verfügt über ein respektables Magenleiden.

Letzteres kann man sich durch die Wiener Küche allerdings sehr rasch zuziehen, was dann automatisch platonische Folgerungen mit sich bringt.

„Schaffe, spare, Hüsli baue"
(Alemannischer Segensspruch)

4 Vorarlberg und Burgenland oder Von Spinnern, Käsern und Planschbecken

Das östlichste und das westlichste Bundesland Österreichs haben nur eines miteinander gemein, nämlich, daß sie fast nichts miteinander gemein haben. Es liegen allerdings beide an riesigen Seen. Diese gehören jedoch nur teilweise zu ihrem Hoheitsgebiet, und außerdem ist der westliche hundertmal tiefer als der östliche.

Die ganz und gar unösterreichische Verläßlichkeit der Vorarlberger, ihr Ordnungssinn und ihre Liebe zur Pünktlichkeit unterscheiden sie ebenso wie ihre Sprache grundlegend vom restlichen Österreich. Um sich gegen die ständigen Schlampereien der Wiener Ministerien einigermaßen zu wappnen, hat sich Vorarlberg als eigener Staat konstituiert. Die Landesverfassung bestätigt das zu Beginn in einem eigenen Artikel.

Im 14. und 15. Jahrhundert kauften die Habsburger — selbst eidgenössischen Ursprungs — das Land Vorarlberg stückweise den Montforter Grafen ab, ein Vorgang, der die Vorarlberger noch heute gegenüber Wien mißtrauisch sein läßt. Denn Wien liegt für sie schon im tiefsten Balkan. Dieser beginnt nach ihrer Ansicht schon am Arlberg. Es ist ja bemerkenswert, wie alle österreichischen Bundesländer die balkanische Grenzziehung jeweils an ihre eigene östliche Landesgrenze weiterschieben. Für Tirol fängt der Balkan bei Hochfilzen an, für Salzburg bei Tamsweg, für Oberösterreich an der Enns, für Wien hinterm dritten Bezirk. Nur die Burgenländer antworten auf die Fragen nach dem Balkan: »Balkan, teschek, haben wir keinen*.«

Richtig wohl gefühlt haben sich die Vorarlberger innerhalb

---

* Infolge ihrer ungarisch gefärbten Aussprache verwechseln sie nämlich »Balkan« mit »Balkon«, einer im Burgenland weitgehend unbekannten architektonischen Finesse.

des österreichischen Staatsgefüges nie. Nach dem Ersten Weltkrieg wollten sie unter allen Umständen als 23. Uhren- und Schokoladekanton zu den Eidgenossen überlaufen. Doch daraus wurde nichts. Zur Strafe wurden sie dann im Großdeutschen Reich zusammen mit Tirol in einen Gau gepreßt, dem, nach alter Älplertradition, ein Mann namens Hofer vorstand.

Nicht nur wegen dieser siebenjährigen Zwangsehe gibt es auch heute noch ständig Differenzen mit den benachbarten Tirolern. Man vergißt die Zwistigkeiten nur, wenn es gilt, gegen den gemeinsamen Erzfeind Wien zu marschieren. Die echten Vorarlberger haben schließlich den Arlberg stets als einen schützenden Wall gegen alle dekadenten östlichen Einflüsse betrachtet.

Als man daranging, eine Straße über den Arlberg zu bauen, häuften sich in den frommen Vorarlberger Gemeinden die Opferkerzen vor jenen Heiligen, die für das Wetter zuständig waren. Sie wurden angefleht, auf dem Arlberg das ganze Jahr über heftiges Schneetreiben zu veranstalten, weil dann die Straße wegen Lawinengefahr gesperrt werden mußte. Die Heiligen hatten indes nur selten das nötige Einsehen*. Und als man daranging, zwecks einer Eisenbahnverbindung den Arlberg anzubohren, fielen zahlreiche Vorarlberger vom Väterglauben ab und liebäugelten mit dem heiligenlosen helvetischen Bekenntnis. Auf ihre Bibeln schrieben sie jedenfalls den schicksalsschweren Satz: »Was Gott durch einen Berg getrennt hat, das soll der Mensch nicht durch ein Loch verbinden.«

Im Zeichen des allgemeinen Verfalls der Autorität Gottes bohrt man derzeit an einem zweiten Loch durch den Berg, um eine wintersichere Straßenverbindung zwischen Tirol und Vorarlberg herzustellen. Vor hundert Jahren war die Technik noch ziemlich unterentwickelt. Aus diesen Gründen wird man für den Bau des Straßentunnels heute nur doppelt so viel Zeit benötigen wie einstmals für den Eisenbahntunnel. So ist das

---

* Wegen ihrer Unzuverlässigkeit wurden sie übrigens beim Zweiten Vatikanischen Konzil weitgehend ihrer Ämter enthoben.

VORARLBERGER DIALEKT

nämlich in Österreich, und wer darin einen Widerspruch erblickt, ist kein geborener Alpenländer.

Der Legende nach hat sich der Erbauer des Arlbergtunnels das Leben genommen, weil die beiden Tunnelröhren, von beiden Seiten des Berges her aufeinander zu getrieben, sich angeblich um einige Zentimeter verfehlt hätten. In Wirklichkeit verstarb er eines ganz natürlichen Todes. Es ist nur der Volkswut der Vorarlberger über den Tunnel an sich zuzuschreiben, daß sie aus dem Verbindungsstifter einen Selbstmörder machte, der im Höllenfeuer schmoren muß. Ob sich beim Straßentunnel eine ähnliche Tragödie wiederholen wird, steht in den Sternen. Links- und Rechtsabweicher gibt es schließlich überall, warum sollten sie nicht auch, als Wühlmäuse getarnt, im Berg arbeiten?

Was den Vorarlberger neben seiner Verläßlichkeit am meisten vom übrigen Österreich unterscheidet, ist seine Sprache. Wird die Zugehörigkeit der österreichischen Mundarten zum deutschen Sprachraum oft bezweifelt, so geschieht dies im Hinblick auf das Vorarlberger Idiom mit besonderem

Recht. Vorarlbergisch hat keine sprachliche Verwandtschaft im europäischen Raum, einige verrufene Gegenden in der wilden Schweiz ausgenommen. Selbst ein ungarischer oder kroatischer Dialog zweier Burgenländer ist noch leichter zu verstehen als etwa die Unterhaltung zweier Dornbirner.

Die letztmögliche Steigerung dieser chaotischen Lautbildungen erreicht in der Gegend von Lustenau ihren absoluten Höhepunkt. Hier werden Urlaute ausgestoßen, die selbst die Bregenzer und Bludenzer Landsleute an einen Funkverkehr unter Marsmenschen denken lassen. Jeder andere Mitteleuropäer steht fassungslos vor den Salven schneidender Urlaute, die, gepaart mit zungenbrecherischen Mitlautreibungen, sein Trommelfell malträtieren. Ihre wildeste Ausprägung erfahren sie dann, wenn sie gesungen werden. Jeder Brauchtumsabend in Lustenau ersetzt eine Reise zu einem interstellaren Planeten. —

Milchstraßenweit entfernt voneinander sind schon vom Aussehen her die Vorarlberger und die Burgenländer. Am stärksten prägt sich das natürlich beim Landvolk aus, den urtümlichsten Bewohnern jeder Gegend, und es findet desgleichen auch seinen Niederschlag in der verschiedenartigen Ackerpflege. Die Vorarlberger bauen Kartoffel an, die Burgenländer Wein. Die Haut der Bregenzer Wäldler ist braun gegerbt, ihr angeborenes Leder ist härter als die Lederhose, sofern sie eine tragen. Ihre Augen sind verkniffen, der Schritt schwer, sie ächzen sich schwankenden Gangs durch das Leben, menschlichen Höhlenbären nicht unähnlich.

Ganz anders die Burgenländer Weinmacher. Ihre Augen sind listig wie die eines Kapuzineräffchens, sie sind pfiffig und flink und geschwind und erinnern an Feldmäuse, die geschäftig ihrem Tagwerk nachgehen.

Aber die Bauern Vorarlbergs sind in der Minderheit gegenüber den anderen Berufsgruppen. Schließlich gibt es nirgendwo in Österreich so viele Spinner wie hier.

Im Unterschied zu den Spinnern im restlichen Bundesstaat ist ihre Tätigkeit lukrativ und schlägt sich im Devisenhandel gut zu Buche. Sie spinnen nämlich nicht, indem sie Kanarienvögeln die Bäuche aufschlitzen, die Gattinnen mißhandeln oder auf allen vieren bellend für den Tierschutzverein demonstrieren. Nein, sie arbeiten an Spinnmaschinen. Heimspinner und Heimweber gibt es hier jede Menge.

Das bekannteste Produkt des Landes sind neben den Spinnweben die Vorarlberger Käsesorten. Vor allem in den Almgebieten des Bregenzer Waldes werden die verschiedensten Arten von Naturkäsen hergestellt, als da sind Schmelzkäse, Hartkäse, Weichkäse und Schafkäse.

Der Schafkäse zeichnet sich gegenüber den anderen Käsesorten dadurch aus, daß er erstens ungenießbar ist und zweitens nur dann verkauft werden kann, wenn man ihn als bulgarische Importware deklariert*.

Schmelzkäse ist, wie schon der Namen sagt, geschmolzenen Ursprungs. In der Schmelzmasse finden sich Käsereste, allerlei Abfallprodukte, Milchränder aus schlecht gereinigten Kübeln, ranziges Butterschmalz, das aus ranziger Butter hergestellt wurde**, aber auch einige Klauenabfälle, Maulschaum erhitzter Kühe, Sägemehl und viel frisches Gebirgswasser. Das alles wird unter hohen Temperaturen gekocht, verrührt, gewürzt, mit gehäckseltem Grünfutter vermischt und dann in Stannioldreieckchen verpackt auf den Markt geworfen.

Der Hartkäse ist deshalb hart, weil er nicht weich ist, und beim Weichkäse ist es umgekehrt.

Eine Mittelstellung zwischen Weich- und Hartkäse nimmt der berühmte Emmentaler Käse ein, der zwar den Namen eines Schweizer Tales trägt, doch grundsätzlich nur in anderen Talschaften der Alpenregion erzeugt wird. Da auch die Gesetzesmaschinerie Löcher aufweist, wird der Emmentaler inoffiziell auch »Paragraphenkäse« genannt. Das Geheimnis,

---

* Die Spinner rächen sich dafür, indem sie den minderwertigen Ausschuß der Vorarlberger Stoffproduktion mit dem Aufdruck »Made in England« versehen.
** So wurde das Wort »doppelranzig« aus verkaufspsychologischen Erwägungen in »doppelrahmig« umfunktioniert.

wie die zahllosen Löcher in den Käse geraten, bleibt aber auch in den gelehrtesten Fachbüchern unerwähnt; und dabei wäre gerade ihre Entstehung von einigem Interesse.

Der Emmentaler wird im Sommer hergestellt, und zwar auf Almen, die besonders gewittergefährdet sind. Zunächst wird der Käse in große Laibe geformt. Diese werden vor einem aufziehenden Unwetter in riesigen Stößen auf besonders blitzgefährdeten Punkten gestapelt. Sodann sprechen Käser und Käserinnen ein altheidnisches Blitzgebet und harren der Dinge, die da kommen.

Haben Sie Glück, so schlägt der Blitz schon nach den ersten paar Minuten in die Laibtürme ein. Die harte Rinde spaltet ihn in tausend Kleinblitze auf, und diese schlagen kostenlos die Löcher in die Käsemasse.

Gibt es zu wenige Gewitter oder schlägt der Blitz trotz heftiger Blitzgebete nicht ein, so werden wackere Schützen aufgeboten — meist Söldner aus dem benachbarten Schützenland Tirol —, die mit eigens verfertigten Dumdumgeschossen die Laibtürme unter Beschuß nehmen. Die Geschosse lösen sich nach mehreren Explosionen im Käseinneren spurlos auf. Leider treffen die Schützen häufig daneben und gefährden dabei oft die Köpfe der Käserinnen und Käser. Diese tragen Schädigungen davon, die sich zuweilen aufs Hirn schlagen. Gedächtnislücken und Sprachfehler stellen sich ein. Es geschieht dann immer wieder, daß sie die althergebrachten Rezepturen untereinander verwechseln und neue perverse Käsesorten herstellen, sozusagen Zufallsprodukte einer dumdumgeschädigten Käserseele*.

Bregenz, die Hauptstadt des Ländles, liegt am Bodensee und zu Füßen des Pfänders. Die »Bregenzer Festspiele« könnten

---

* Die Dumdumgeschosse werden übrigens in der nahen Schweiz hergestellt, denn als neutrales Land ist die Schweiz von jeher ein Eldorado für Waffenbauer und Munitionsverkäufer. Daß in manchen Krisengebieten die Soldaten durchlöchert wie Schweizer Käse herumlaufen, läßt die Hersteller insofern kalt, als sie den Anführern der Durchlöcherten kostenlos ihr Bankservice zur Verfügung stellen.

also auch ohne weiteres »Pfänderspiele« heißen. Aber da Pfänderspiele häufig mit Küssereien verbunden sind und in Vorarlberg das strengste Sittengesetz von ganz Österreich waltet, wurde diese Bezeichnung bisher nicht einmal diskutiert.

Die Bregenzer Mädchen und Frauen halten sich allerdings nicht uneingeschränkt an die eigenstaatlich verordnete Sittenstrenge. Sie sind wohl den Einheimischen und den benachbarten Tirolern gegenüber zurückhaltend, geben sich aber ziemlich hemmungslos, sobald nördliche oder östliche Idiome ihre Ohrmuscheln reizen. Auch die Gastarbeiter, deren es in Vorarlberg rauhe Mengen gibt — vorzugsweise aus dem innerösterreichischen Raum, also Steirer und Slowenen —, erfreuen sich schrankenlos ihrer Zuneigung.

Auf dem Bodensee fahren Schiffe, und eines dieser Schiffe hätte einmal beinahe zu einer innerösterreichischen Revolution geführt. Es sollte auf den Namen eines verdienten ostösterreichischen Staatsmannes getauft werden, wohingegen sich die Vorarlberger einen heimattreueren Namen wünschten. Die Wiener Zentrale blieb hart und erlebte in der Folge bei Fußach ein Debakel, das nur mit dem Napoleonischen Waterloo zu vergleichen ist. Wiewohl der zuständige Minister aus Wien, der die Amtshandlung leiten sollte, Probst hieß und man in Vorarlberg Pröbsten sonst nur freundliche Gesten erweist, mußte eine eigene Lok vor dem Ministerzug herfahren, um eventuell in den Geleisen versteckte Bomben auszulösen. Fürwahr, die Alemannen erinnerten sich plötzlich der habsburgischen Geßleraffäre in der Schweiz und spielten Wilhelm Tell im 20. Jahrhundert. Und schließlich siegten sie auch, wie sich das für tüchtige Halbschweizer gehört, über den wasserköpfischen Balkan, der sie bevormunden wollte.

Bregenz ist im Grunde keine Stadt, sondern ein großangelegtes Villendorf. Man kann darin endlos lang zu Fuß gehen, sich verirren, von Autos niedergefahren werden und sämtliche Sprachen der Welt außer Deutsch hören. Fragt man nach dem Kornmarkttheater, wird man zum Krankenhaus gewiesen, und will man sich eine Parkgarage ansehen, so gerät man in ein Kaufhaus. Man freut sich, am Seeufer spazieren zu können und dabei bloß durch die Schienenstränge der ÖBB vom Wasser getrennt zu sein. Alles spitzt sich hier zu widernatürlichen Ereignissen. Die Sonne brennt vom Himmel, wiewohl der Wetterbericht hinterhältigen Bodennebel versprochen hat. Gastarbeiter rotten sich zusammen, und mehr als einmal glaubt man sich nach Triest versetzt. Erst wenn man wieder im Zug sitzt, atmet man auf, daß diese schöne Stadt hinter einem liegt. —

Auch das Burgenland nennt einen See sein eigen, der ihm nicht zur Gänze gehört. Dieser ist zweifellos das merkwürdigste Gewässer Österreichs, groß und breit wie das Meer, doch von beängstigender Untiefe. Wessen Boot hier kentert, der seufzt zweimal tief und schleppt es dann kilometerweit im Fußmarsch zum zugehörigen Trockendock; dabei wird ihm das Wasser nur selten bis zum Hals reichen.

Ein besonderes Kennzeichen des Neusiedler Sees ist, daß man ihn oft überhaupt nicht sieht. Rund um ihn wächst kilometerdichtes Schilf, und das ist sehr gut so. Denn gäbe es das Schilf nicht, würde der See längst unerträglich zum Himmel stinken. So tun dies nur die Zustände, die die allmähliche Vernichtung dieses erstaunlichen Naturdenkmals fördern. Das Schilf spielt nämlich einen natürlichen Vorfluter für die Abwässer; die zuständigen Stellen aber spielen Vorbereiter für neue Abwasservermehrer.

Von den Untiefen des Sees war schon die Rede. Nun, alles ist relativ, und für einen Zwerg erreicht der Neusiedler See Tiefen, die ihm ein Ertrinken möglich machen. Die Übergrößen menschlichen Materials jedoch, wie sie vor allem im Norden Europas beheimatet sind, stoßen sich bei Schwimmversuchen die Knie am Boden wund.

Schon mehrmals in der Geschichte trocknete der Neusiedler See völlig aus. Um das in Zukunft zu verhindern, werden allerorts Apartmenthäuser und Wohnsiedlungen gebaut, deren Abwässer ein Sinken des Seespiegels verhindern sollen.

Vor einigen Jahren war auch geplant, eine Straßenbrücke über den See zu schlagen. Ganz im Süden, kaum noch bemerkbar, weil dort der See schon fast vom Schilf überwachsen ist. Die Brücke hätte kaum jemanden gestört, sie hätte lediglich den abgeschnittenen Bauern im Seewinkel ein wenig den Zugang zur restlichen Welt Österreichs erleichtert.

In jener Zeit aber war eben der Startschuß zu den vielfältigsten Bürgerinitiativen gefallen, und die Burgenländer wollten zeigen, daß sie den Finger am Puls der Zeit hielten. Die Gelegenheit war günstig, und so lief man Sturm gegen das Brückenprojekt. Trickfilmgegner gaben zu befürchten, die Seedocken könnten Geschmack an ausgespuckten Kaugummis von Autofahrern finden und beginnen, Donald Duck zu spielen. Operngegner behaupteten, über die Brücke fahrende Ballettänzer würden die Silberreiher zu sterbenden Schwänen dressieren. Daneben hausten, so hieß es, am Neusiedler See Vögel mannigfachster Art, und nur sie garantierten ständig neuen Nachwuchs an sonderbaren Käuzen für Regierung und Verwaltung.

Die Aktionen gegen die Brücke zogen sich weit in den Westen Österreichs hinein, wo ein Großteil der Unterschreibenden gar keine Ahnung mehr hatte, ob es sich hier noch um ein Projekt in Ungarn oder schon in Persien handelte. Man unterschrieb eben, weil das bei Volksbegehren so der Brauch ist.

Die Ortschaften des Burgenlands sehen einander meist sehr ähnlich. Es sind Straßendörfer, und nicht selten spricht man auf der einen Straßenseite deutsch und auf der anderen kroatisch; über die Straße geheiratet wird nur in Ausnahmefällen.

Wer von diesen Dingen nichts weiß und zum erstenmal in solch ein Dorf kommt, züchtet sich Minderwertigkeitskomplexe an, weil er an beginnende Schädigungen seiner Gehörsorgane glaubt. Da fahren Lautsprecherwagen durch die Gegend, man versteht kein Wort, hofft schließlich, daß nicht die eigenen Ohren, sondern die Anlagen defekt seien, und erkennt plötzlich, daß die Lautsprecher in einer anderen Sprache krächzen.

Aus unerfindlichen Gründen krächzen die Lautsprecherwagen am schrecklichsten in Stoob. Dieser Ort hat einiges mit dem Wort »Staub« gemein, aber nicht der Staub hat Stoob berühmt gemacht, sondern vielmehr dessen festpatzige Form, der Lehm.

In Stoob werden die sogenannten Plutzer hergestellt, riesige Tontöpfe zum Kühlhalten geistiger Getränke. »Plutzer« ist darüber hinaus auch eine wenig schmeichelhafte Bezeichnung für einen zu großen Kopf, wie ihn Mißgeburten, manchmal aber auch Regierungsmitglieder und Direktoren auf den Schultern tragen. Die Größe des hohltönenden Leerraums entspricht dabei durchaus den lehmgebrannten Vorbildern, und die Öffnung darin dient gleichfalls zur Aufnahme geistiger Getränke.

Die zweitgrößte burgenländische Stadt ist Eisenstadt, die größte jedoch Chicago; dort leben dreimal so viele Burgenländer wie in Eisenstadt.

Eisenstadt ist dafür seit 1925 die illegitim-legitime Hauptstadt des Burgenlandes. Die legitim-illegitime Hauptstadt wäre Ödenburg. Aber bei der schon erwähnten Volksabstimmung, bei der nicht alles mit rechten Dingen zugegangen sein soll, entschieden sich die Ödenburger, bei Ungarn zu bleiben. Und so reicht nun die Stadt mit dem sie umgebenden Komitat ins österreichische Land herein wie ein riesiger Bruchsack; ähnlich dem Deutschen Eck bei Lofer im Salzburgischen, dessen Hydrozele, der Königssee, zu den größten Attraktionen der deutschen Fremdenverkehrsindustrie zählt.

Im Grunde besteht Eisenstadt nur aus dem Schloß Esterházy und einer Unzahl von Schulen. Was es hier sonst noch gibt, kann man in wenigen Minuten sehen, einschließlich des ehemaligen Judenghettos und der Grabstätte Joseph Haydns, in der der Komponist viele Jahrzehnte lang ohne seinen Kopf ruhte. Erst in jüngster Zeit vereinigte man das Skelett mit einem der drei authentischen Haydnköpfe, die in der ganzen Welt verstreut waren.

Das Schloß vergißt man nicht so rasch, auch wenn es schönere Schlösser gibt. Unvergeßlich an dem Bauwerk ist, daß sich hier das Finanzamt etabliert hat und die Burgenländer nun, wo einst der Zehent abgeliefert wurde, vier bis fünf Zehente opfern müssen.

An Kultur hat das Burgenland zwar einiges zu bieten, doch an Wohnkultur nur in Ausnahmefällen. Hier liegt noch vieles im argen. In manchen hochzivilisierten Bundesländern würde der Tierschutzverein amtshandeln, sollten etwa Vorarlberger Bauern es wagen, ihr Rindvieh in Stallungen zu stellen, die dem Standard alter burgenländischer Bauernhäuser entsprechen. Ein trockener Lehmboden gilt hier als Glanzparkett, das Strohdach als idealer Regenschutz. Und selbst der Rauchabzug mittels eines Kamins wird hier mitunter noch als fortschrittliche Erfindung von Kroaten gepriesen, die es satt hatten, von unwissenden Durchreisenden für wandelnden Selchspeck angesehen und mit Messern beschnitten zu werden.

Einen hohen Wohnstandard haben im Burgenland nur die Störche aufzuweisen. Auf den Schornstein bauen sie ihre Garçonnieren mit Bodenheizung und Fernblick.

Die Nähe nicht nur des Nahen, sondern auch des Fernen Ostens zeigt sich im Burgenland nicht zuletzt in der geographischen Form.

Im Atlas betrachtet, ähnelt das Burgenland ein wenig Vietnam. Beide Länder gleichen langgezogenen, in der Mitte abgebundenen und geknickten Würsten. Aber während Vietnam trotz intensivster Bemühungen der Amerikaner kommunistisch wurde, blieben die Burgenländer dank ihrer Volksabstimmung weitestgehend vom Kommunismus verschont. Und damit zeigten sie der Welt eine typisch österreichische Art, Geschichte zu machen: mit ein paar Stimmzetteln statt mittels sinnlos angezettelter Kriege.

Das alles sollte man bedenken, wenn man das riesige Schilfplanschbecken des Neusiedler Sees entlangfährt, ein wild gewordener Löffelreiher die Windschutzscheibe durchstößt, Flugzeuge Tausende von Staren aus den Weinhängen jagen und vitaminhungrige Großstädter die Kirschbäume von Donnerskirchen plündern.

Man kann besinnliche Einkehr halten im Steinbruch zu St. Margarethen und sich dort von Gastarbeitern heimlich mit ein paar kostbaren Versteinerungen versorgen lassen, die obskuren Produkte grimmiger Bildhauer bewundern oder sich an einer Passionsspielaufführung erbauen, je nachdem.

Oder man kann auch nur hierherfahren, um selbstgezogenen Wein zu trinken, der fast so süß schmeckt wie gezuckertes Essigwasser, doch nur halb so gut wie das Naß der Römerquelle oder der Quelle von Güssing.

„Küß die Hand" —
„Kruzitürken" —
„Servus Kaiser"
(Beliebte Redewendungen für alle Gelegenheiten)

5 Der österreichische Mensch oder Von grantigen Nörglern und liebenswerten Besserwissern

Der Österreicher ist ein charmantes Ungeheuer. Ein harmloser Dinosaurier, den man einfach gernhaben muß.

Er ist schlau, borniert, bösartig, heimtückisch, sentimental, indolent — aber unnachahmlich liebenswürdig. Er ist faul, bequem, aufmüpfig, grantig, unberechenbar, schadenfroh — aber ungeheuer höflich und nett. Er ist ein Wadelbeißer, Intrigant, Bosnigel, Nörgler, Raunzer und Vielfraß — aber sein Charme ist unübertroffen.

Alle seine europäischen Nachbarn haben dieselben unguten Eigenschaften vorzuweisen, wenn auch nicht in jener massiven

Konzentration. Aber sie sind weder liebenswürdig noch höflich noch charmant. Und darum fällt der Österreicher inmitten seiner Nachbarn so angenehm auf, daß alle Welt gerührt lächelt, sobald sie den Namen Österreich hört. Es sei denn, sie verwechselt Austria mit Australia, was jenseits des Ärmelkanals schon in gebildeten Schichten vorkommt, während in den USA derlei Irrtümer sogar von den Lehrstühlen mancher Colleges herab verkündet werden.

Der Österreicher nörgelt und schimpft in einem fort auf sein Land, seine Regierung und sich selbst. Und wenn zwei Österreicher beisammensitzen, zählt dieses Schimpfen zu ihren Lieblingsbeschäftigungen als unumstößlicher Bestandteil einer sinnvollen Freizeitgestaltung.

Aber wehe, wenn einmal ein Ausländer sich ihrer schlechten Meinung über Österreich anschließen sollte! Er wird erleben, wie sich die scheinbare Mißlaune augenblicklich gegen ihn kehrt. Denn auf alles, worauf der Österreicher schimpft, läßt er nichts kommen.

Eine der liebenswertesten Schwächen des Österreichers ist seine Schlamperei. Sie kann nur Ordnungsfetischisten auf den Nußbaum bringen. Wer einigermaßen Mensch geblieben ist, lernt sie schätzen und nachahmen. Schlamperei ist eine ganz wesentliche Abart des österreichischen Charmes — vermutlich ist der Österreicher auch deshalb so sehr im Traditionellen verhaftet. Denn daß Tradition Schlamperei ist — und damit Schlamperei auch Tradition —, behauptete schon Gustav Mahler.

Den Bayern sagt man nach, sie verbänden preußischen Charme mit österreichischer Pünktlichkeit. Den Österreichern könnte man nachsagen, ihre Schlamperei verbinde bayerische Pünktlichkeit mit italienischem Improvisationstalent.

Züge fahren in Österreich grundsätzlich nicht nach Fahrplan, sondern nur ungefähr nach den zeitlichen Richtlinien, die in den Fahrplänen stehen. Man kann sich aber darauf verlassen, daß sie nie vor, sondern stets nach der festgesetzten Zeit abfahren. Und die Verspätungen sind im allgemeinen auch noch so erträglich, daß das wartende Volk nicht murrend in Ungeduld fällt. Die Anschlußzüge, die anderswo längst abgefahren wären, warten gleichfalls weil auch sie ihren Anteil an unverschuldeter Verspätung mitbekommen wollen.

Im Jahre 1975 erregte ein schwerer Zugzusammenstoß in Deutschland die Gemüter. Auf einer eingleisigen Strecke Oberbayerns waren zur selben Minute, streng nach Fahrplan, zwei Gegenzüge abgefertigt worden und genau in der Mitte zwischen den beiden Stationen aufeinandergeprallt. Den Fahrplan hatte übrigens nicht ein Mensch, sondern ein Computer erstellt.

In Österreich wäre solch ein Unfall nie zustande gekommen, zählt es doch zu den außergewöhnlichsten Seltenheiten, daß ein Zug in jener Minute abfährt, die ihm der Fahrplan vorschreibt. Daß zwei Züge dies auf derselben Strecke gleichzeitig tun könnten, ereignete sich nach der Wahrscheinlichkeitsrechnung das erstemal vor Inbetriebnahme der österreichischen Eisenbahnen und wird das zweitemal erst wieder nach deren Abschaffung möglich sein. Zumindest einer der beiden aufeinandergefahrenen Züge hätte fünf Minuten Verspätung gehabt, und die Begegnung wäre unfallfrei im nächsten Bahnhof erfolgt. —

Nirgends auf der Welt gibt es eine derart perfekte, man könnte fast sagen perfide Mischung aus Wehmut und Seligkeit wie in Österreich und vor allem in Wien. Kein Mensch lebt lieber als der Wiener, und keiner freut sich insgeheim mehr aufs Sterben als er. Der Tod wird ihm zum schaurigen Spektakel, und die Freude, daß man mit ihm einmal eine »schöne Leich« zelebrieren wird, läßt ihn alle widrigen Umstände, die damit verbunden sind, vergessen. Der einzige Wermutstropfen beim Gedanken an den Tod ist nicht das Sterben, sondern die Tatsache, bei der eigenen Beerdigung nicht mitgehen zu können. Wohl deshalb gibt es auch nirgendwo anders ein so merkwürdiges und ausgeprägtes Vereinsleben, das sich ausschließlich mit Beerdigungen beschäftigt. Es sind dies die gemeinnützigen Wiener Sterbevereine, denen Zehntausende Mitglieder angehören*.

Die Mitglieder dieser Vereine zahlen Monat für Monat einen recht ansehnlichen Betrag auf ein Konto ein, und dafür wird ihnen dereinst ein ordentliches Begräbnis garantiert: mit Kerzen, Blumen, Kränzen und schwarzen Rappen; bei gläubigen Katholiken mit Priester, bei Ungläubigen mit einem besonders schön gefärbten Feuer im Krematorium. Auch wird für einige Jahre das Grab mit Blumenschmuck versorgt, das Unkraut ausgejätet, der Grabstein poliert und das Skelett nach Ablauf der Wartefrist mit besonderer Sorgfalt aus dem Erdreich geschaufelt. Bei Urneninsassen wird eine Ersatzurne bereitgestellt und eventuell ein Päckchen Ersatzasche, falls ein kurzsichtiger Angehöriger einmal den Inhalt der Urne versehentlich für Haferflocken halten und verkochen sollte.

Fürwahr, wer so dem Tod huldigt, muß ein Lebenskünstler ganz eigener Natur sein.

Aber der Österreicher ist noch viel mehr. Er ist der personifizierte Widerspruch aller Widersprüchlichkeiten. Er ist größenwahnsinnig in seiner Bescheidenheit und ein Großmaul im Tiefstapeln. Er ist der geborene Pessimist, der sich selber nichts und den andern alles zutraut. Keiner wundert sich mehr über die in der Not entwickelten Fähigkeiten als er, und doch ist keiner leichter gekränkt, wenn etwas schiefgehen sollte.

Vor allem der Wiener bietet die glanzvollste, typischste, unangenehmste und zugleich hinreißendste Ausprägung des Österreichischen. Seine Seele ist zerrissen zwischen Höflichkeit und Mißmut, zwischen Gerührtsein und Nörgelei, zwischen Raunzen, Grant und umwerfendem Charme. Äußerlich ist er eher

---

* Einen nüchterneren, wenngleich nicht weniger absurden Totenkult betreiben die »Jahrgänger« in Vorarlberg. Dort ist es Ehrensache, daß bei Beerdigungen so viele Trauergäste des gleichen Geburtsjahrgangs mitgehen als nur möglich, ob sie nun den Verstorbenen gekannt haben oder nicht.

von kleiner Statur, schleppt ab seinem dreißigsten Lebensjahr einen festgewachsenen Rucksack in der Magengegend herum und hat manches von einem ölig geschleckten Typ an sich, einer Mischung von Zigeuner, Schausteller und Hofrat. Das merkwürdige ist, daß sich das äußere Erscheinungsbild selten mit dem Beruf deckt. Es gibt durchaus ehrenwerte Hofräte, Direktoren und Intendanten, die wie Zigeuner aussehen, während andererseits Ganoven und Zuhälter mit der Galanterie eines Sektionschefs auftreten.

Der Standardgruß des Österreichers ist »Küß die Hand*« bei Respektabstand und »Servus« in vertrauterem Kreis. Daß dieser freundschaftlich-wohlwollende Gruß auch mitunter peinliche Folgen haben kann, sollte man nicht für möglich halten. Dennoch unterlief solches keinem Geringeren als einem ansonsten sehr bekannten und beliebten Salzburger Erzbischof. Er hatte sich bei seiner Weihe als Wahlspruch »Servus Jesu Christi« erwählt, was auf gut deutsch »Diener Jesu Christi« heißt. Über diesen seinen Wahlspruch hielt er im Dom seine Antrittspredigt, wobei er, von typischer Betriebsblindheit befangen, besagten Spruch mehrmals laut gegen die Kuppel schmetterte. Seine Zuhörer jedoch waren teils erstaunt, teils beglückt, großteils jedoch entrüstet, in welch vertraulichem Ton Seine Exzellenz mit dem Herrn Jesus Christus umzugehen wagte. —

Man kann die Österreicher nicht verstehen, wenn man nicht versucht, ihre Beamten zu verstehen. Denn Österreich ist ein einziger großer Beamtenstaat.

Wer in Österreich kein Beamter ist, besitzt kein Ansehen. Aber die Beamten besitzen davon im allgemeinen noch weniger als die Nichtbeamten. Daraus kann man ersehen, wie es um das Ansehen des Österreichers im eigenen Land bestellt ist.

Höchstes Ziel jedes Beamten ist die Beförderung und die laufende Erwerbung neuer Amtstitel, als deren Krönung der

---

* Die adäquate Grußform hohen Tieren gegenüber wäre »Schleck die Pfote«, doch wird dieser Satz nur selten angewandt.

Hofratstitel gilt*. Peinlicherweise hat man in Österreich den Adel abgeschafft. Den Hofrat abzuschaffen gelang nicht, wiewohl es längst keinen k. u. k. Hof mehr gibt und in der Hofburg nur noch pseudoproletarische Republikaner residieren. Also wich man mit der Deutung des Titels auf die Obersten Gerichtshöfe aus, um so die Hofräte weiterhin zu rechtfertigen.

Da das Wort Hofrat aber noch zuwenig Gewicht hat, wird man in Österreich zum »Wirklichen Hofrat« ernannt. Das Gegenteil davon, der Titel »Eingebildeter Hofrat«, wird nicht verliehen. Dies ist schon deshalb unnötig, weil fast alle Wirklichen Hofräte auch eingebildet sind.

Um im unüberschaubaren Heer der österreichischen Beamtenschaft Karriere zu machen, benötigt man eigener Vitamine. Die Besetzung höherer Dienstposten erfolgt nämlich so, daß der Posten zunächst nach Geheimabsprachen an einen bestimmten Kandidaten vergeben, sodann öffentlich ausgeschrieben und schließlich durch den schon zuvor Gewählten besetzt wird.

Ein wesentliches Merkmal des österreichischen Beamtentums ist die Abkehr von den wirtschaftlichen Maximen des kapitalistischen Gesellschaftssystems, womit auch schon die unerhörte Fortschrittlichkeit dieses Berufsstandes dokumentiert ist. In der Wirtschaft gilt der Grundsatz: Wer weniger leistet, bekommt weniger bezahlt. Bei den Beamten ist es umgekehrt. Dort bekommt man — so behaupten böse Zungen — um so mehr bezahlt, je weniger man tut. Je höher ein Beamter nämlich die Rangordnung hinaufgeklettert ist, desto weniger arbeitet er, sagen sie, aber desto höher wird sein Gehalt. Seine

---

* Das Landesgesetzblatt für Wien zählt nicht weniger als dreizehn Seiten verleihbarer Amtstitel auf, die sich im Zeitraum vieler Jahrzehnte angesammelt und eingenistet haben. Darunter finden sich Titel wie »Feldbahnlokomotivführer«, »Dynamowärter«, »Hochdruckmaschinistenhelfer«, »Speisepumpenwärter«, »Niederdruckheizer«, »Schlackenzieher«, »Pflasteraufseher«, »Teermanipulant«, »Feuerbursche«, »Naphtalinaufbereiter«, »Syphonwärter«, »Frequenzzähler«, »Obersargträger«, »Beerdigungsobergehilfe«, »Kuppler«, »Säurekocher«, »Gichter«, »Rasenleger«, »Wassertopfwärter«, »Rußbläser«, »Kastlriecher« und »Torwart«.

Dienststunden gleichen zwar aufs Haar dem seiner Sekretärin, aber der Beamte, längst kahlköpfig, hält von diesem Haar nichts. Er befindet sich entweder auf Inspektionen, Dienstreisen, Konferenzen, Sitzungen, Workshops oder sonstigen Alibis dienstlichen Nichtstuns. Nur in seltenen Fällen ist er in seinem Büro anzutreffen. Dort tut er dann das, was seine Untergebenen nur zu Hause tun dürfen: Er liest die Zeitung, schmaust aus mitgebrachten, wenn nicht gar devot herbeigeschleppten Jausenpäckchen und läßt sich's wohl sein. Hat ein Beamter die höchste Stufe erreicht, ein Stockwerk unterhalb des Nirwanadaseins, so beschränkt er seine Arbeitsleistung auf einige Unterschriften pro Woche und, selbstverständlich, auf stetes Klagen, wie wenig Zeit er habe und welche Unmengen von Arbeit er zu bewältigen hätte. Im Gegensatz zu seinen minderen Mitmenschen genießt er das Leben auf Dienstreisen nicht in vollen, sondern in leeren Zügen respektive Waggons, denn klarerweise fährt er nur erster Klasse. Er wird hofiert, mit dampfenden Weihrauchfässern empfangen und von Festbankett zu Festbankett geleitet. Dort werden ihm systematisch Magen und Leber ruiniert, doch harrt seiner schon ein Apartment in einem der besten Kurorte des Landes, wo man ihm, dem verdienten Mann des Volkes, die angekratzten Verdauungsorgane wieder repariert.

Ein Beamtenstaat verlangt nach einer durchorganisierten Hierarchie. Und so ist auch Österreich, dieses herrliche Disneyland Europas, hinter seiner kauzigen Oberfläche eine straff organisierte Pyramide von Druck und Ergebenheit. Daß es sich hier dennoch, dank der sagenhaften Schlampereien an allen Ecken und Enden, demokratischer leben läßt als in ausgebildeteren Demokratien, gehört zu einem weiteren Widerspruch dieses Landes.

Die Pyramide, von der die Rede war, spiegelt sich schon in der Regierung wider.

Ganz oben, je nach Parteizugehörigkeit in Gottferne oder Gottnähe, thront der Bundespräsident. Er gibt Audienzen und Unterschriften.

Dicht unter ihm steht der Bundeskanzler. Er gibt Unterschriften und Pressekonferenzen.

Ihm zur Seite stehen die Minister. Sie geben Pressekonferenzen, Statements und Entgegnungen von sich.

Der Nationalrat besteht aus 183 Nationalräten, die ihre Aggressionen in gegenseitigen Sticheleien während der Sitzungen abbauen, im übrigen aber selten an Überarbeitung erkranken. Sie reißen sich, von einigen wenigen unverbesserlichen Idealisten abgesehen, bei ihrer Tätigkeit — wie man in Wien so schön sagt — keinen Haxen aus. Als Fitnessübung nach langen Sitzungen begeben sie sich zu parteifreundlichen Geldinstituten, wo sie ihre Monatsgagen und sonstigen Einkünfte als Aufsichtsratsvorsitzende, Berater und Konsulenten abheben.

Der Bundespräsident ist als Person tabu. Über ihn darf nichts Nachteiliges gesagt werden, andernfalls macht man sich eines Verbrechens schuldig. Auch die Nationalratsabgeordneten sind immun. Sollten Nationalräte dennoch einmal silberne Löffel stehlen — oder gar Millionenbeträge von Aktiengesellschaften oder Genossenschaften —, so kann die Immunität aufgehoben werden. Die Angeklagten werden dann verurteilt, aber meist gegen eine hohe Kaution auf freiem Fuß belassen.

Neben dem Nationalrat gibt es noch den sogenannten Bundesrat. Er ist ein Abstellgeleise für unliebsame Politiker und im übrigen eine völlig überflüssige Institution. Seine typisch österreichische Tätigkeit besteht darin, jedes Gesetz, das der Nationalrat beschließt, entweder anzunehmen oder abzulehnen. Weist er es zurück, so muß der Nationalrat das Gesetz ein zweites Mal beschließen, worauf es dann etwas verspätet in Kraft tritt.

In den einzelnen Bundesländern hocken die Landesregierungen, deren Vertreter sich gleichfalls selten Beine ausreißen oder Defekte durch Überarbeitung erleiden. Und damit sind wir schon bei den Gemeindeparlamenten angelangt, wo Bürgermeister, Stadträte und Gemeinderäte einander je nach politischer Färbung das Leben sauer machen. Zu reden haben alle sehr viel, zu sagen weit weniger. Es ist ein gewaltiges, monströses Stimmenquantum, das allerorten zu den Decken der Versammlungssäle emporsteigt und womit man sich und die Anwesenden langweilt. Aber eine gute Demokratie besteht zu neunzig Prozent aus Langeweile.

Wenn man die Vielzahl all dieser demokratischen Einrichtungen bedenkt, zu denen ja noch die Kammern, Kommissionen, Genossenschaften und Ausschüsse kommen, erkennt man erst, welche Unmenge von Männern in all diesen Gremien sitzen. Die Männer vertreten dort zwangsweise auch die Frauen, denn die sind in den genannten Körperschaften kaum vertreten. Dabei bilden sie die Mehrheit der Österreicher.

In Österreich besteht nämlich laut Statistik ein beachtlicher Frauenüberschuß.

Dieser ist allerdings nur scheinbarer Natur. Er rührt daher, daß die Fauen durchschnittlich um sieben Jahre älter als die Männer werden, weshalb sie ja auch, aus Gründen der Emanzipation, um fünf Jahre früher in Pension gehen dürfen. Wem hier ein Widerspruch aufstößt, der mag sich damit trösten, daß die Logik ein Hauptwort weiblichen Geschlechts ist.

Der Frauenüberschuß setzt also vorzugsweise erst mit dem Greisenalter ein, wo sich der Mensch längst jenseits der fleischlichen Anfechtung befindet.

In der Gruppe der Zwanzig- bis Vierzigjährigen jedoch, in jenem Altersabschnitt also, in den die Balzzeit und das Gros der sexuellen Lustbarkeiten fallen, herrscht ein fataler Männerüberschuß in Österreich. Vor allem auf dem Lande.

Wie sieht nun die so unterrepräsentierte, umworbene, umkämpfte und im Alter ziemlich überschüssige Österreicherin aus?

Nun ja, sie ähnelt im Grunde den Frauen in allen Teilen der zivilisierten Welt, wo sie unter dem Vorwand der Gleichberechtigung eine längst fällige Remanzipation des Mannes verhindert. Sie ist unberechenbar, unlogisch, liebenswert oder bösartig, je nach Alter, Charakter und Stand — Leserinnen dieses Buches selbstverständlich ausgenommen. Die unverheiratete Österreicherin, sofern sie die Mitte der Dreißig noch nicht überschritten und demnach noch berechtigte Chancen hat, sich einen Erhalter an die Fußangel zu legen, ist von vollendeter Liebenswürdigkeit. Sie ist hübsch, gepflegt, zuvorkommend, gibt sich gut erzogen und gebildet und erweckt in jedem Betrachter den Anschein, als Engel in Menschengestalt über diese Erde zu wandeln.

Hat sie den Mann ihrer Wahl soweit gebracht, daß er mit ihr zum Standesamt schreitet, kann sich das mitunter ändern. Ein Teil der Österreicherinnen entwickelt sich mit fortschreitendem Alter zu nörgelnden Miniteufeln. Sie drangsalieren ihre verschreckten Gatten mit spitzer Zunge und Verdächtigungen, beobachten tückisch jeden außer Hauses getanen Schritt und sind beleidigt, wenn der beruflich Geschundene und Überforderte sich ihnen nicht ganz so widmen kann, wie sie es wünschen. Immerhin machen die Österreicherinnen das mit einem Anstrich von mütterlichem Charme, wohingegen ihre Geschlechtsgenossinnen in Amerika oder der Bundesrepublik ja bekannt dafür sind, daß sie unter der matriarchalischen Überzuckerung oft wahre Schreckensregimenter ehelichen Terrors aufrichten.

Wie schon gesagt, ist es üblich, daß die Österreicherin ihren Mann um einige Jahre überlebt. Häufig bringt sie, ohne es zu wissen oder gar zu wollen, ihren Gatten mit Messer und Gabel oder mit löffelweise verabreichten Vorwürfen um. Sie bekocht ihn mit Fett und Schweinefleisch, mit Mehlspeisen und anderen kulinarischen Genüssen, so daß ihm am Ende nur die Wahl bleibt zwischen seelisch bedingtem Herzinfarkt oder leiblich bedingter Herzverfettung. Beides endet letal.

Um ihre guten Absichten zu unterstreichen, tafelt die Österreicherin bei ihren Grabschaufelungsmenüs wacker mit. Im fortgeschrittenen Alter erreichen ihre Körperformen oft voluminöse Ausmaße. Aber da sie sich mehr der Ruhe anheimgeben und ihre angezüchteten Aggressionen jederzeit am angetrauten Gemahl abreagieren kann, schadet das ihrer Gesundheit nur bedingt.

Am Grab trauert sie dann tief und ehrlich um den Verblichenen.

Aber schon auf dem Nachhauseweg vom Friedhof tröstet sie sich mit dem Gedanken an die Pension, die ihr der Selige hinterlassen hat. »Man macht dem Ehestand überhaupt ein sehr schlechtes Kompliment, daß man immer nur die verstorbenen Männer, die ihn schon überstanden haben, die ›Seligen‹ heißt«, philosophierte schon der große Johann Nestroy.

Eine Sonderstellung unter den österreichischen Frauen nimmt natürlich die Wienerin ein. Stellt sie doch immerhin ein Drittel aller Österreicherinnen.

Die Wienerin gehört zur absoluten Spitzenklasse weiblichen Charmes — nicht nur in Österreich, sondern auf dem ganzen Erdball. Schon ihre äußere Erscheinung ist von hinreißendem Eindruck. Ihr kastanienbraunes Haar kontrastiert häufig mit graublauen Augen, eine aufregende Farbmischung, die nur Farbenblinden Blutdruck und Puls nicht erhöht. Die junge Wienerin ist von einem Liebreiz, der auch das einfache Fabrikmädchen zur Adeligen erhebt. Sie ist schlank mit jenem süßen Ansatz zur Fülle, die sie erst später, in reiferen Jahren und nach Verzehr einiger Waggonladungen von Mehlspeisen, auseinanderrinnen lassen wird wie Germknödel im Dunstbad. Dann freilich zerfließen ihre Formen ins Gigantische, und mit fünfzig ähnelt so manche einer watschelnden Mülltonne, die ein Hinterteil von der Größe eines Miniautos hinter sich her schleppt. In diesem Alter ist die Wienerin dann ebenso keifend wie gutmütig, voll mütterlicher Wärme mit einem Unterton beißender Ironie. Sie wirft mit Liebkosungen und Pantoffeln gleichzeitig um sich wie mit Schimpfworten und Komplimenten und verfügt über einen so breiten, weinerlichen Ton in der Stimme, als hätte man in einem Computer die menschliche Sprache mit den Bäh-Lauten des Schafs kombiniert.

Aber wer denkt an derlei Dinge angesichts der betörenden Schönheit der Jugend! Jede Spur nahender Dekadenz läßt ja die Vorzüge besonders wehmütig-verlockend aufleuchten, und das feinziselierte Profil des Gesichts, der berückende Gang, die bezaubernde Stimme und ein warmherziges Wesen, das ebenso ausgeglichen wie leidenschaftlich, zärtlich wie hilfsbereit ist, macht die Wienerin zur idealen Frau schlechthin.

Wienerinnen haben für Österreicher dennoch gewisse Nachteile.

Denn Wienerinnen heiraten prinzipiell wiederum nur Wiener — oder Ausländer. Bewerber aus den Bundesländern werden nicht einmal in die engere Wahl gezogen. Sie dürfen von diesen vollendeten Wesen nur träumen. Aber damit entgehen sie oft genug auch der Gefahr eines fürchterlichen Selbstbetrugs.

Die ältere Wienerin bietet sich zur informativen Betrachtung in vier verschiedenen Modellen an, und zwar als Besucherin der vier Bundestheater der Stadt.

Im Burgtheater ist das Modell »Bösartige Hofratswitwe« zu besichtigen, im Akademietheater der intellektuelle Blaustrumpf und Kumpel; in der Volksoper findet sich die biedere Hausfrau und in der Staatsoper die mondäne Junggebliebene.

Ein intimeres Kennenlernen entzieht sich aber dem Nichtwiener, wie schon gesagt — es sei denn, er wäre Türke, Franzose oder von negroidem Geblüt.

> „Wenn alle Mädchen wären mein,
> so tauscht ich sie für Zucker ein."
> (Schikanöser Wunsch eines Vogelfängers)

6 Salzburg und Steiermark oder Von Mozartkugeln und gefürchteten Holzköpfen

Das Wort »Salzburg« umfaßt zwei verschiedene Begriffe: das abwechslungsreichste Bundesland Österreichs und die schönste Stadt der Welt. Beide tragen denselben Namen.

Das Land Salzburg weist auf dem Atlas die sympathische Form eines gleichgestellten Dreiecks auf, allerdings mit den bei Landesgrenzen üblichen, historisch zerknitterten Rändern. Amateurbiologen vergleichen seine Form auch mit einem fünfarmigen Seestern, dem zwei Extremitäten abgebissen worden sind. Und Chauvinisten ärgern sich über das Deutsche Eck, das wie eine fremdländische Krebsgeschwulst die Landeshauptstadt bedroht.

Salzburg ist neben vielem anderen auch ein Land der Löcher, Bergwerke und Höhlen. Eine der merkwürdigsten dieser unterirdischen Naturanlagen ist das Lamprechtsofenloch zwischen Lofer und Saalfelden — bemerkenswert vor allem deshalb, weil es unmittelbar neben einer ausgebauten Durchzugsstraße liegt. Große Touristengruppen werden durch ihr Inneres geschleust, und früher schreckte der Führer die Leute häufig dadurch, daß er für ein paar Sekunden das elektrische Licht abdrehte. Das ließ unter den Touristen hin und wieder eine kleine Panik ausbrechen, und wenn es wieder hell wurde, flossen aus Dankbarkeit reichlich Trinkgelder. Einmal jedoch, so erzählt man, befand sich unter den Besuchern eine Gruppe munterer schwedischer Twens. Aus unerfindlichen Gründen dauerte die Abschaltpause diesmal weit länger als sonst, und erstaunlicherweise brach die Panik erst aus, als das Licht wieder aufleuchtete. Seither darf auf Anordnung der Salzburger

Sittenpolizei nur noch auf Notbeleuchtung zurückgeschaltet werden.

Salzburg ist eine Stadt, von der man nur in Liebeserklärungen sprechen kann. Ihr alter Kern am linken Salzachufer umschließt ein einmaliges architektonisches Wunder, auch wenn hinter diesem Wunder die Uhren des Zerfalls ticken. Die mächtigen Erzbischöfe der Barockzeit haben das Antlitz dieser Altstadt geprägt. Sie müssen Männer voll eines untrüglichen Instinkts für Größe mit Intimität, Erhabenheit mit Ironie, Einfallsreichtum mit Einfachheit und Wohnlichkeit mit Größe gewesen sein. Ein städtebaulicher Würfelbecher, ausgeschüttet über einer geographischen Tischplatte, und alle Würfel stehen auf sechs: das ist das Bild der Salzburger Altstadt. Noch der kleinste Kaplan der damaligen Zeit hat vermutlich mehr architektonischen Hausverstand besessen, als heute in einem Dutzend blasierter Architektenbüros zu Hause ist.

Und so ist Salzburg zur schönsten Stadt der Welt geworden.

Selbst in jenen Teilen der Stadt, wo die Erzbischöfe nicht mehr ganz autoritär schalteten und walteten, ist die Baukulisse immer noch einmalig. Jenseits der Salzach wird ihr Liebreiz zurückhaltender. Und die neugewachsenen Randerscheinungen sind leider von derselben Unzulänglichkeit und Scheußlichkeit wie in allen anderen großen Städten, wo Stadtplaner und Politiker ihre selbstgefälligen Baufrivolitäten showmäßig abziehen.

Der Name Salzburg klingt wie Musik. Aber schon die Vororte müssen das mit schrillen Dissonanzen büßen. Es existiert keine andere österreichische Stadt, deren Vororte ähnlich schreckliche Namen trügen. Da gibt es ein Siezenheim, das eine Höflichkeitsform von Duzenheim sein könnte; Maxglan läßt gleichermaßen an einen Hausknecht wie an ein Putzmittel denken; Gnigl erinnert an einen boshaften Zwerg; Morzg klingt teils unanständig, teils bedrohlich; und Parsch ist überhaupt nur dank seines ersten Buchstabens als Name diskutabel.

Nach dem Ersten Weltkrieg wollte Max Reinhardt zusam-

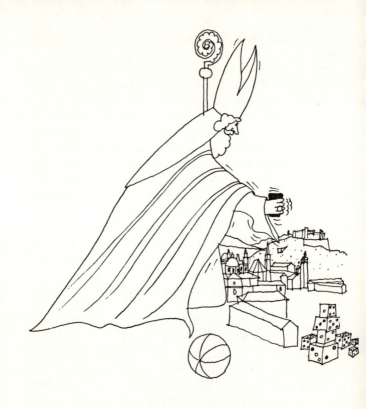

DIE ENTSTEHUNG SALZBURGS

men mit Hugo von Hofmannsthal und Richard Strauss in der Alpenstadt Innsbruck internationale Festspiele begründen. Die Innsbrucker, für Bergsteigen, Knöchelbrechen und Pradler Ritterspiele von jeher mehr zu begeistern als für höhere geistige Werte, lehnten selbstverständlich ab.

Das war ein ausgesprochener Glücksfall. Denn so gerieten die drei Festspielgründer nach Salzburg und fanden hier offene Arme, Ohren und Geldbörsen.

Die Salzburger Festspiele sind neben den Bayreuthern die Ur- und Stammpilze für die Schwemme von Festivalschwämmen in aller Welt geworden. Und wenn man auch in jüngster Zeit durch Randspielereien, Jugendszenismen und allerlei Happenings am Glanz dieser Festspiele zu kratzen sucht: das ist letztlich so bedeutungslos, als würde ein Hund den Mond anbellen.

Bekannt sind die Salzburger Festspiele im Ausland wegen ihres hohen künstlerischen Wertes, im Inland wegen ihrer hohen Defizite. Diese geben böswilligen Kritikern, Kultur- und Musikfeinden, Großsprechern und Wirtshauspolitikern immer wieder Gelegenheit, sich wegen des hinausgepulverten Geldes zu entrüsten. Daß auf dem Umweg über die Steuerpresse ein Mehrfaches der Subventionen wieder in den Staatssäckel zurückgekeltert wird, sehen manche von ihnen ein; daß es Leute gibt, deren kultureller Höhenflug nicht bei Heimatabenden im Stiegelbräu zu Ende sein möchte, ist ihnen jedoch ein immerwährender Dorn im Auge.

Zur Festspielzeit lebt die Stadt in einem einzigen Taumel. Manchmal hat auch der Himmel ein Einsehen und läßt statt des berühmten Schnürlregens ein bißchen Sonnenschein aus den Wolken fallen. Das Glockenspiel klimpert dann besonders schön und falsch. Und da kann es durchaus vorkommen, daß spleenige Dollarmillionäre, als Don Giovanni und Leporello verkleidet, durch die Getreidegasse wandeln und Mozartkugeln unters Volk werfen, um im Anschluß daran bei einer Königin der Nacht die Zauberflöte spielen zu lassen.

Die Einheimischen lieben Mozart in Kugelform weit mehr als in Noten. Wenn man den großen Sohn der Stadt auch nur mit halbem Ohr hören will, so möchte man ihn doch mit ganzem Munde essen. Wer will schon völlig auf seine großen Söhne verzichten. So wie die Österreicher einen Kaiser brauchen und deshalb nur ein Mann Präsident oder Kanzler werden kann, der das zu nützen weiß, so brauchen sie auch ihren Mozart-Wolferl und den Schubert-Franzl, und sei es nur, daß sie ihnen süß im Magen liegen. —

Von der steirischen Metropole lassen sich nur bedingt ähnliche Loblieder singen wie auf Salzburg.

Graz führt den bösen Beinamen Pensionopolis. Angeblich gibt es in keiner anderen Stadt Österreichs so viele alte Leute wie in Graz, nicht einmal in den Altersheimen der Stadt Wien, denn dort ist zumindest das Personal unter sechzig.

Und ein bißchen sieht man das der Stadt Graz auch an. Graz sieht aus wie eine ererbte, schöne Wohnung, deren Inhaber aus Altersgründen mit der Reinigung nicht mehr zurechtkommen. Hin und wieder rafft man sich wohl zu Restaurierungen auf. Aber dennoch scheint diese herrliche Stadt, die einmal das Zentrum Innerösterreichs gewesen war, mehr und mehr in Staub und Schmutz zu verfallen.

Dazu kommt die Mur, die mitten durch die Stadt fließt und ihren Namen mit vollem Recht führt, denn derart braun und schmutzig kann nur eine abgegangene Mure sein. Die Mur sieht aus, als hätte ein Riesendinosaurier Durchfall, und sie wäre die Begleiterscheinung dieser Erkrankung.

Rund um Graz liegt die Steiermark.

Das ist nun wahrlich ein seltsames Bundesland. Alles in allem ein wunderschönes Land mit lieben und netten Bewohnern. Ein Märchenreich, unter deren Märchenbewohnern es oft ziemlich märchenhaft zugeht – listig, lustig und tückisch-brav. Denn Fallstricke liegen überall zuhauf.

Die Steiermark wird auch die »Grüne Mark*« genannt, weil dort das meiste Holz Österreichs zu finden ist. Im Grunde sind die Österreicher ja Waldmenschen. Sie hausen zwar nicht auf Bäumen, aber pro Kopf der Einwohnerschaft trifft es einen halben Hektar Wald. Das ist mehr Holz pro Kopf als irgendwo anders in Europa.

In der Steiermark aber gibt es noch mehr Holz, als der statistische Durchschnitt verrät. Denn dort sind nicht nur die Häuser, sondern häufig auch die Schädel der Politiker aus Holz – merkwürdigerweise aus schwarzem Mahagoni, das dort

---

* In Graz sind sogar die Straßenbahnen grün lackiert.

gar nicht wächst —, was den anderen Köpfen im Parlament oft schwer zu schaffen macht. Schlagen doch manchmal besagte Köpfe so hart zusammen, daß die Funken stieben — ein bei Holz eher ungewöhnlicher Vorgang, der im allgemeinen nur durch ständige Reibereien herbeigeführt werden kann. Kein Wunder, daß das Parlament zu den am höchsten feuerversicherten Gebäuden Österreichs zählt.

In der Steiermark lebt ein höchst eigenartiger Menschenschlag. Seine Sprache ist typisch österreichisch mit leichter Einfärbung ins Hundedeutsch. Wenn zwei Steirer einander beschimpfen, so klingt dies ähnlich wie Kampfgebell in einem Zwinger.

Die Steiermark wird um so unheimlicher, je weiter man in ihren Südosten gerät, was übrigens auch für Kärnten gilt. In der Buckligen Welt vollends glaubt man sich ins Fabelreich der Hexen und Trolle versetzt. Was da an sonderbaren Käuzen durch die Gegend schwirrt, wie da Kröpfe ins Uferlose wachsen und wilde Sagengestalten ihren Kummer im Alkohol ersäufen, das ist phänomenal. Gesammelte Volksweisheiten behaupten, in kinderreichen steirischen Bauernfamilien wäre es früher der Brauch gewesen, auf künstlichem Wege halbschlaue Dienstboten für niedere Arbeiten heranzuzüchten. Dies wäre dadurch geschehen, daß man Kindern, die hiefür ausersehen waren, gewaltsam den Schädel gegen die Wand schlug und ihnen Mohn und Schnaps als Speise und Trank verabreichte. So verfügte man stets über billige und ausdauernde Arbeitskräfte und bewies wieder einmal, wie fortschrittlich man in Österreich sein kann. Gewann man doch auf diese Weise jene Form von Lebewesen, die man anderswo seit langem durch Kreuzung von Gorillas mit Menschen zu züchten versucht.

Die Steirer weisen allerdings derlei Verdächtigungen entrüstet von sich und behaupten, daß es lebende Roboter dieser Art nur in Kärnten gäbe. Dort habe man für die solcherart gezüchtete Spezies Halbmensch sogar einen eigenen Namen: die Tocker.

Aber die Grenzen zwischen Steiermark und Kärnten sind fließend.

Bekannt und allseits beliebt sind die steirischen Kröpfe.

Der Kropf ist in manchen Gegenden so verbreitet, daß ein Fehlen des Blähhalses als Krankheit gilt. Wird ein kropfloses Kind geboren, so machen sich sofort die dörflichen Detektive auf den Weg, um die mutmaßlichen Umtriebe der Mutter am Zeugungstag zu untersuchen. Bekannt ist auch die weise Ermahnung eines steirischen Großkropfigen an seinen Enkel, der mit dem Finger auf einen kropflosen Fremdengast deutete: »Laß das, Bub, kranke Leute tut man nicht verspotten.«

Da sich aber auch in der Steiermark der neumodische Brauch immer mehr durchsetzt, ohne Kropf zur Welt zu kommen — teils dank der Jodbeigabe zum Trinkwasser, teils auf dem Umweg über den fremdenverkehrsmäßigen Fremdverkehr —, ist man dazu übergegangen, Kröpfe in eigenen Plantagen zu züchten.

In einer abgeschiedenen Gegend bei Fladnitz, wo unnütze Maschinen und deren Erfinder dutzendweise zu Hause sind, ist ein geschäftstüchtiger Bauer auf die Idee des Kröpfeanbaues gekommen. Die Kröpfe werden dort ausgesät, umgepflanzt, kopfgedüngt, geerntet, präpariert, eingemottet und aufbewahrt und bei größeren Volksfesten entweder leihweise zur Verfügung gestellt oder zu Wucherpreisen an die Meistbietenden versteigert. Denn ist anderswo der Bart der Busen des Mannes, so ist dies in der Steiermark immer noch der Kropf. Daß er nur aus einer Vorwölbung besteht und nicht aus deren zwei, stört niemanden. Kropfbewußte Steirerinnen betrachten übrigens ihren Blähhals nicht als Ersatzbusen, sondern als dessen natürliche Steigerung dritten Grades. Er sitzt den beiden Wölbungen über dem Magen thronend auf und wandert liebevoll von einer Kugel zur anderen, je nach den Tönen, die man ihm entlockt.

Die Zusammenhänge zwischen Kropfpflege und Tendenz zu selbstmörderischem Autofahren sind noch nicht zur Genüge erforscht. Tatsache jedenfalls ist, daß Nichtsteirer sich in der

Steiermark nur dann hinters Steuer setzen sollten, wenn sie zuvor ihr Testament gemacht und, sofern sie gläubige Katholiken sind, sich auf die Letzte Ölung vorbereitet haben. Kein anderes Bundesland verfügt über einen größeren Straßenkillerbonus als die Grüne Mark, nirgendwo beißen mehr Menschen auf dem Asphalt ins Gras als hier. In der Steiermark fühlt sich nicht nur jeder Meier stark, sobald er aufs Gaspedal tritt, sondern auch jeder Müller, Huber oder Schmid. Es soll Straßenstücke geben, auf denen die Leichenwagen mit laufendem Motor auf ihren Einsatz warten wie anderswo die Taxis.

Ist die Hochburg der Halsabschneider, Messerstecher und Börselzieher nach wie vor in Wien zu suchen, so zeigt doch auch der Steirer einen gewissen Hang zu schlägerischer Tätigkeit. Innerhalb seiner Landesgrenzen gibt er sich zwar einigermaßen gesittet, und die übliche Rate an Totschlägen und krankenhausreifen Insultationsopfern liegt nicht über dem gesamtösterreichischen Durchschnitt. Aber er entwickelt ungeahnte Eigenschaften, sobald er ins Ausland fährt. Wenn etwa in Vorarlberg ein Messerwerfer, Zähneausschlager oder sonstiger Menschenfreund dingfest gemacht wird, so ist es in neun von zehn Fällen ein Steirer. Das steht ebenso außer Diskussion wie die Tatsache, daß nahezu alle Hundertjährigen oder Jubilanten diamantener Hochzeiten Österreichs pensionierte Eisenbahner sind.

Fragt man in der Steiermark nach dem Kulminationspunkt des Landes, so fällt selten das Wort Graz. Selbst die jährlich stattfindende Kulturveranstaltung, bei der jedes noch so umstrittene Genie seine Produkte als Kunst verkaufen darf, nennt sich bewußt »Steirischer« und nicht »Grazer Herbst«. Der Stern von Graz, einstmals in historischen Zeiten einer der ersten Ordnung, hat viel von seiner Strahlkraft eingebüßt. Aber vielleicht glüht er noch einmal zu einer Nova auf.

Der Höhepunkt der Steiermark ist nicht Graz, sondern Mariazell — Österreichs größter Wallfahrtsort. Dorthin pilgern heute noch jährlich — man staune Bauklötze oder Rosenkränze, je nach seelischem Pegelstand – ein bis zwei Millionen Pilger.

Die meisten Nichtsteirer sind freilich der Ansicht, Mariazell liege in Niederösterreich. Aber wie viele halten selbst Preßburg noch für österreichisch oder Marburg und Laibach für kärntnerisch.

Typisch an Österreichs größtem Marienheiligtum ist die Tatsache, daß es Markgraf Heinrich I. von Mähren gestiftet und König Ludwig I. von Ungarn gebaut hat. Auch der letzte große Primas von Ungarn, Kardinal Mindszenty, liegt hier begraben. Der Rang der Magna Mater Austriae ist unbestreitbar. Selbst Josef II., höchstwohlgeborener Kaiser und Klösterfeind, hätte sich an der Muttergottes von Mariazell die Zähne ausgebissen. Da es zu seiner Zeit mit den dritten Beißwerkzeugen noch schlecht bestellt war, begnügte er sich damit, hin und wieder seinen Giftzahn in besagte Richtung zu entleeren.

Aber von dem wackeren Manne wird im folgenden Kapitel noch einiges zu berichten sein.

> „Land der Lämmer, zukunftsreich!"
> (Österreichische Bundeshymne, Zitat
> mit Druckfehler)

7 Die österreichische Geschichte oder Von Märchen und politischen Essiggurken

Von den Ureinwohnern Österreichs wissen wir nicht einmal, ob sie, wie noch Erich Kästners Vorfahren, auf den Bäumen hausten. Sie haben keine Spuren hinterlassen. Lediglich irgendwo in der Wachau grub man vor einigen Jahrzehnten die unsagbar scheußliche Statue eines Weibsbildes aus dem Boden, mit Brüsten, die selbst blinden Säuglingen Furcht einflößen, und mit einem Unterleib, der auf eine Mehrlingsschwangerschaft samt Riesenmyom schließen läßt. Der skurrile Sinn der Österreicher nannte dieses Schreckgespenst weiblicher Mißbildung »Venus von Willendorf«. Anhänger der Lehre Dänikens versuchten zwar, in dieser Mißgeburt die Normalgestalt von Frauen vor jenem Zeitpunkt zu sehen, ehe sich die Männer von fremden Sternen mit ihnen paarten. Nur ihnen verdankten wir, laut diesen Weltraumaposteln, daß unsere heutigen Weinköniginnen lieblicher anzusehen seien als ihre Urmutter.

Österreich, wie wir es kennen, existiert so ziemlich genau seit tausend Jahren. Und bis zum Beginn dieses Jahrhunderts wurde es stets von erlauchten Herrschern regiert, von Kaisern, Königen, Markgrafen, Kronprinzen, Mätressen, Kirchenfürsten und sonstigen Adeligen mit Blut jeglichen Blaustichs. Unter ihnen waren Träumer, Komponisten, Künstler, Staatsmänner, Wahnsinnige, Freßlustige und Wüstlinge, aber selten normale Menschen.

Während dieser Zeit wurde das Land größer und wieder kleiner, es wurde ganz groß und schließlich ganz klein. Österreich hat zeit seines Bestehens wesentlich mehr Schlachten verloren als gewonnen, von den Kriegen überhaupt zu schweigen, und ist im Prinzip dennoch stetig gewachsen. Dieses österreichische Wunder lag in der Fruchtbarkeit seiner Herrscherhäuser begründet, die Unmengen von Kindern in die

Welt setzten und diese auf erfolgreichste Art und Weise auf dem hochadeligen Heiratsmarkt verschacherten. Einstmals ging im Reiche Österreichs die Sonne nicht mehr unter, weil es dank der Einverleibung Spaniens auch noch Urwaldanteile in Südamerika erhielt. Die Sonne begann erst wieder zu sinken, als 1867 Erzherzog Maximilian, kurz nachdem er sich zum Kaiser von Mexiko hatte ausrufen lassen, auf höchst unedle Weise erschossen wurde. Überhaupt begann mit der Erfindung des Gewehrs ganz allgemein der Niedergang des Hauses Österreich. Vielleicht fabriziert es heute deshalb die besten Flinten der Welt.

Während dieser tausendjährigen Geschichte gab es fürchterliche Krisen, und die schlimmsten brachten zweifellos im 17. Jahrhundert die Türken ins Land. Waren sie doch von dem Wahn besessen, den Stephansdom in eine Moschee umzuwandeln, nachdem ihren Pferden die Kirchen der Wiener Außenbezirke als Ställe überaus behagt hatten.

Mit den Türken hatten die Wiener schon von jeher einiges zu schaffen. Hunderte Jahre zuvor waren sie als Kreuzfahrer in den Südosten gezogen und hatten versucht, den Halbmondsüchtigen das verlorengegangene christliche Erbe wieder zu entreißen.

Eines Tages wurde den Schwert- und Krummdolchschwingern diese abendländische Belästigung zuviel. Die moderne Psychologie war noch nicht geboren, die da behauptet, nur der Mangel an ausgelebter Sexualität führe zu Aggressionen. Wiewohl Mohammed vier Haupt- und beliebig viele Nebenfrauen duldete und daher von einer mäßigen Betätigung unterhalb der Gürtellinie im Orient nicht die Rede sein konnte, fletschte das Volk mongoloider Herkunft die Zähne und rückte brandschatzend gegen den Nordwesten vor. Vielleicht hatten die Männer daheim ein Zuviel an Sex geboten bekommen und sehnten sich nach ein wenig Enthaltsamkeit; vielleicht fehlte es damals auch nur an den superklugen Freudianern, die ihnen die profunden Zusammenhänge zwischen Macht und Sex erläutert hätten. Sonst wären sie womöglich, statt gen Norden zu fahren, bloß in den Harem gewankt und hätten dort ihre Kriegslust abgebaut.

Aber wie kann man von Türken des 17. Jahrhunderts Dinge verlangen, die nicht einmal die Kommunenmitglieder unserer Zeit begreifen, wenn sie neben ihren vielbenutzten Liegestätten eifrig Bomben basteln.

Ein echter Österreicher mit dem erheiternden Namen Montecuccoli* zog den Türken bei Mogersdorf eins über den Schädel. Das war 1664.

Kaum zwanzig Jahre später waren sie wieder da. Und diesmal ging es um Kopf und Kragen. Wien war hoffnungslos belagert.

Und Wien wurde befreit!

Nicht so sehr von den Wienern selbst, auch nicht von den Österreichern allein.

Sondern von den Polen und den Deutschen; vom christlichen Abendland, von ganz Europa.

Das ist Weltgeschichte großen Stils. —

Österreichs Kaiser waren stets volksverbunden und oft recht sonderbar veranlagt.

So hatte, um nur ein Beispiel zu nennen, Franz der Zweite seinen Titel als deutscher Kaiser zurückgelegt, weil er es nicht ertrug, bloß ein Zweiter zu sein. Er durfte als Kaiser Franz der Erste von Österreich in die Geschichte eingehen, nachdem er im Süden und Westen massenhaft Land verloren, seine Tochter Napoleon zum Hochzeitsschmaus serviert hatte und sich im übrigen tagtäglich mit einem — wie die Chronisten sagen — »störrischen Eheweib« herumschlug.

Dennoch wurde der zweite Franz der Erste nie populär. Und das ist insofern eine historische Ungerechtigkeit, als er die erste UNO der Weltgeschichte einberufen ließ. Sie tagte 1814/15 in Wien, verteilte Europa neu unter die Großmächtigen und tanzte so nebenher ein paar tausend Schuhsohlen durch.

Österreich hatte wesentlich populärere Herrscher. In den Herzen der heute noch lebenden Methusalems thront immer

* Montecuccoli, zu deutsch »Kuckucksberg«, gilt heute als offizieller Schutzpatron des Bundesministeriums für Finanzen.

noch Kaiser Franz Joseph als gütige Vaterfigur. Daß er die Monarchie in den Krieg und letztlich in den Abgrund geführt hat, trägt man ihm nicht mehr nach, viel eher seinem Nachfolger Karl und Kaiserin Zita, wiewohl gerade diese zwei sich seinerzeit redlich bemüht hatten, zu retten, was noch zu retten war. Und über Otto Habsburg, Karls Sohn, könnte man Bände schreiben. Gar nicht so sehr über Otto selber als vielmehr über die politischen Tragikomödien, die sich nach dem Zweiten Weltkrieg seinetwegen abspielten: als Otto nämlich zu wissen kundtat, er wünsche wieder einmal seinen Fuß auf heimatliche Erde zu setzen. Solches war ihm durch ein ominöses Gesetz aus dem Jahre 1918 verwehrt, und die mächtigste Partei des Landes hielt es für sinnvoll, hier um keine Paragraphenbreite nachzugeben. War doch Otto von Habsburg bei Ausbruch des Ersten Weltkrieges immerhin schon zwei Jahre alt gewesen und damit zweifellos für die Katastrophe in höchstem Grade verantwortlich.

Populär ist Otto trotz dieser Komödien nicht geworden. Da war sein Vater schon populärer und sein Großonkel Franz Joseph noch um vieles mehr. Aber selbst er wird noch immer in Sachen Volkstümlichkeit von Kaiserin Maria Theresia geschlagen, die hundert Jahre vor ihm den Thron bestiegen hatte.

Maria Theresia ist der schlagendste Beweis dafür, daß es in diesem Land keiner Suffragetten bedurfte, um die Emanzipation der Frau durchzusetzen. Es sei denn, man sähe die voluminöse Landesmutter als eine Frauenrechtlerin an. Diese aber sind im allgemeinen dünn, bissig, streitsüchtig und mit schlagbereiten Schirmen bewaffnet, dazumal wie heute.

Maria Theresia, eigentlich gar nicht Kaiserin, sondern nur Erzherzogin von Österreich, war viel gemütlicher. Sie küßte Wolfgang Amadeus Mozart auf die Wange und hatte eine irrsinnige Menge von Kindern. Lebte sie heute, würde sie sich Mary-Daisy nennen und sich nach ärztlichen Ratschlägen schlank hungern*. Nun unsere heutigen Schulkinder stehen mit ihr auf Kriegsfuß, weil sie die allgemeine Schulpflicht eingeführt hat.

---

* Nach der Geburt von elf Töchtern und fünf Söhnen hatte sie ein Lebendgewicht von 125 kg (= 250 Pfund).

Einer ihrer Söhne war Josef II., der vermutlich sehr früh aufgeklärt worden war. Er fand an diesem Zustand Gefallen und trat sonach allerorten für die Aufklärung ein. Zu seinem großen Bedauern gab es damals noch keine Aufklärungsflugzeuge. Josef ließ sich auch ohne sie in Zwistigkeiten mit dem Himmel ein und erklärte ihm auf dem Umweg über dessen Bodenpersonal den kalten Krieg.

Josef II. ging auf die Suche nach den schönsten Stiften und Kirchen im Lande, vertrieb die frommen Patres, kassierte das vorgefundene Vermögen und ließ die prachtvollen Gebäude verfallen und verkommen. Als Lagerhallen stehen heute noch manche im Dienst der Bundespost. Auf dem Gebiet dieser kulturlosen Missetaten war er ganz groß, und weiß Gott, was ihm noch alles eingefallen wäre, hätte er ähnlich lang regieren dürfen wie seine Mutter. Er hustete prinzipiell auf alles, was seinen Vorfahren noch gut, teuer und heilig war. Aber schon nach zehn Jahren hatte es sich ausgehustet. Er starb an seinem beschädigten Blasebalg, und so blieb für den heutigen Fremdenverkehr doch noch das eine oder andere barocke Prachtstück über.

Eines der schönsten Stifte, das Josef aufheben wollte, verdankt es nur dem Teufel, daß es nicht das Schicksal vieler anderer teilen mußte. Gemeint ist eines der großartigsten und zugleich verlottertsten Stifte Niederösterreichs, Herzogenburg. Der Teufel hieß im übrigen nur mit dem Namen so und war seiner Natur nach ein halber Engel, nämlich der Abt des Stiftes. Nebenbei war er — wohl wegen seines Namens — ein Busenfreund des Kaisers, was von beiden allerhand Toleranz gefordert haben dürfte. Abt Teufel lag dem Kaiser so lange in den Ohren, Herzogenburg nicht aufzuheben, bis dieser schließlich einwilligte. Und, da er schon einmal in Gönnerlaune geraten war, dem Teufel gleich noch Dürnstein und St. Andrä dazuschenkte.

Dessenungeachtet klingelten im Kopf des Monarchen stets die Alarmglocken, sobald die Sprache auf das Dienstpersonal des lieben Gottes kam, und er heckte immer neue Bosheiten aus, um es zu erschrecken oder zu verärgern. Seine Idee, Meßgewänder aus Rindsleder herzustellen, erregte den besonderen Zorn der Kleriker. Angeblich wurde auch diese Bestimmung nur in Abt Teufels Namen rückgängig gemacht*.

Im Grunde genommen aber war Josef II. gar kein Kaiser, sondern nur ein rechtes Ungeheuer von einem Beamten. Und so hat er einerseits auch manches Gute getan, andererseits aber auch für Absurditäten noch und noch gesorgt. Grundsätzlich mischte er sich in alles ein, was ihn nichts anging, und damit wurde er zum Vorläufer des modernen Staates schlechthin. Er setzte in einem eigenen Erlaß die Zahl der Kerzen fest, die bei Meßopfern in den Kirchen angezündet werden durften. Er gönnte den Leuten nicht mehr ihre fulminanten Beerdigungen, sondern verfügte, daß die Leichen ohne Sarg, nur in Leinen gerollt, der Erde zu übergehen wären. Er selbst ließ sich freilich weit prunkvoller bestatten, und an seine Anordnung hielt sich bald niemand mehr, zur Freude aller Sargtischler und Pompfüneberer.

Erstaunliche Dinge werden von dem Herrscher berichtet, dem man immerhin zugute halten muß, daß er schwer lungenkrank war. So etwas schlägt sich auch aufs Hirn. Einmal soll er eine Nacht in einem böhmischen Gefängnis für Schwerverbrecher zugebracht haben; darauf habe er, so heißt es, die schweren Kettenstrafen abgeschafft. Ein andermal ließ er sich, so erzählen seine Verehrer, vor einen Pflug spannen; danach hob er die Leibeigenschaft auf.

Von einem kaiserlichen Besuch in einer Gebäranstalt ist nichts bekannt; vielleicht hätte er sonst auch das Kinderkriegen verboten.

Dennoch gibt es heute noch weite Kreise in Österreich, die den Namen des zweiten Josefs mit großer Ehrfurcht nennen, unter anderen alle eingefleischten Biertrinker.

Diese haben hiefür einen ganz besonderen Grund.

Unter den Klöstern, die Josef aufhob, befand sich auch

---

* Der Preußenkönig Friedrich Wilhelm III., der 1811 die Pastorentalare einführte, hatte mit seinen frommen Modevorstellungen mehr Glück. Sie werden heute noch getragen.

die einzige Reichsabtei, die unmittelbar dem Papst unterstand, das Kloster Göß bei Leoben. Gestiftet worden war es seinerzeit von zwei Adeligen, deren Namen wie Reklame für Zuckerwerk und Bleistifte klingen: Gräfin Adala und ihr Sohn Aribo.

Nachdem das geistliche Leben in besagter Abtei durch monarchischen Zwang erloschen war, hielt man es für angebracht, dem Geistigen hier in anderer Form zu huldigen. Man richtete eine riesige Brauerei ein und schuf statt Zapfstellen für himmlische Weisheiten solche für höllisch gutes Bier. Die frommen Litaneien wurden abgelöst vom Lallen der Betrunkenen.

Für die Sauger des Gösser Gebräus hing nun der Himmel nicht mehr voller Engel, sondern voller Geigen, und wenn auch am Morgen nach kräftigen Umtrünken die Baßgeige im Schädel die Hauptstimme führte, so war dies kein Grund, zu verzagen.

Das Ganze könnte man als typisch österreichisches Schicksal bezeichnen. Und wer heute mit dem Zug in diese absonderliche Gegend zwischen Orient und Okzident fährt und zur Nachtzeit einen schnarchenden Biertrink-Mitreisenden als Gegenüber hat, dem kann schon Merkwürdiges widerfahren. Daß etwa der Mitreisende, dessen geübte Nase plötzlich Bierduft wittert, aus dem Schlaf auffährt, aus dem Fenster sieht und feierlich murmelt: »Leoben liegt am Gösser Teich, und rundherum liegt Österreich.« Worauf er sich seufzend wieder zur Seite dreht und weitersägt. —

Österreich ist, davon war schon die Rede, ein riesiger Beamtenstaat.

So darf es nicht verwundern, daß alle im Nationalrat vertretenen Parteien ihre Abgeordneten mit Vorliebe aus dem Beamtenstand holen, aber auch ihr eigenes, zum Teil schwärmerisches, zum Teil etwas kühles Verhältnis zum Beamtenkaiser Josef II. haben.

Wer übrigens von österreichischer Politik spricht, rührt an ein österreichisches Wunder.

Oxenstierna wird der bestürzende Satz in den Mund gelegt: »Es ist erschreckend, mit welchem Minimum an Geist die Welt regiert wird.« Das trifft nicht nur auf die Welt im

HOHES HAUS

allgemeinen zu, sondern auch auf die einzelnen Staatsregierungen.

Aber bleiben wir in Österreich. Hier liegen die Verhältnisse ebenso im argen wie anderswo. Nur mit einem kleinen Unterschied. Die österreichischen Politiker haben mehr Glück als ihre internationalen Kollegen. Die Weisheit des Volkes meint, daß die dümmsten Bauern die größten Kartoffeln ernten. Die größten Kartoffelzüchter sind die österreichischen Politiker zwar nicht, aber vermutlich bringen sie die schmackhaftesten hervor. Und das ist tatsächlich ein kleines Wunder.

Und letztlich ist es auch ein Wunder, daß dieses Land Österreich immer noch existiert, immer noch lebt — relativ gut lebt —, bei all dem, was ihm die großen, kleinen und kleinsten Regierungsstellen, das Parlament, der Ministerrat, der überflüssige Bundesrat, die Landesregierungen, die Magistrate, die bulldoggenhaften Bürgermeister und die Dorfpaschas Tag für Tag an Fehlentscheidungen und Mißgriffen einbrocken.

Manchmal freilich tun die Abgeordneten des Hohen Hauses auch Positives. In Wahlzeiten beispielsweise benützen sie nicht ihre Dienstautos, sondern fahren mit der Straßenbahn, mischen sich unters Volk wie weiland Harun al Raschid und zeigen sich um die kleinen Leute besorgt.

Politiker verschiedener Parteien sind untereinander nie einig, es sei denn, es stünden zwei ganz bestimmte Dinge auf der Tagesordnung. Das eine ist die Erhöhung der Bezüge. Sie wird stets mit 184 gültigen bei 183 abgegebenen Stimmen durchgesetzt.

Der zweite Fall tritt ein, wenn es gilt, dem Sport öffentlich zu huldigen. Denn längst nicht mehr ist Österreich ein Land der Kulturträger, sondern eins der Sportler. Gegen den Sport Einwände zu erheben ist viel schlimmer, als ein verabscheuungswürdiges Sakrileg zu begehen.

So fahren denn Unterrichtsminister mit dem Fahrrad, die Landwirtschaftsminister steigen auf Berge, und die Gesundheitsminister lassen sich aus sportlichem Ehrgeiz öffentlich Blut abzapfen.

Sollen neue Sportstätten eingeweiht werden, so beginnt alsbald das große Rangeln, welche Partei den Festakt gestalten dürfe. Da es deren drei im Parlament gibt, wovon zwei annähernd gleich stark sind, muß aus Proporzgründen jede Sportstätte doppelt gebaut werden, und manche sogar dreifach. So kommt es, daß das Land immer mehr zu einem einzigen Riesensportplatz auszuarten droht. Nichts mehr von Plüsch, Barock und Milchrahmstrudel, dafür alles für Boxen, Fußball und Schiwedeleien.

Da in Österreich ununterbrochen irgendwelche Wahlen stattfinden, baut man auch ununterbrochen neue Sportstätten, um sie in doppelter Ausführung bei den Wahlveranstaltungen einweihen zu können. Des Beifalls der Menge ist man dabei sicher.

Da schneiden dann die Politiker tränenfeuchten Auges bunte

Bänder durch und küssen Mädchen in Turnerleibchen auf die Wange. Und sie sprechen davon, daß sie wieder einmal der Jugend dieses Landes einen Ort sinnvoller Freizeitgestaltung in Form von Ledermißhandlungen, Rasenhüpfen und Schädeleinschlagen, Nasenbeinbrüchen und Fußverstauchungen geschenkt haben. Notgedrungen ereifert man sich dann auch in den Schulen während langwieriger Konferenzen, ob Turnen nun das allerwichtigste Fach überhaupt oder nur das wichtigste Fach innerhalb des Lehrplans wäre. Denn die Jugend Österreichs, heißt es, leide an immensen Haltungsschäden, und nur durch intensives sportliches Training können diese Schäden so irreparabel gemacht werden wie bei den bekannten Spitzensportlern, auf die schon der Rollstuhl wartet.

Die Praxis beschreitet dann die von der Theorie vorgezeichneten Wege.

Die Kinder schlagen im ersten Schuljahr das Rad, im zweiten den einfachen, im dritten den doppelten Salto. Sie schwingen sich in der sogenannten Hechtrolle — die weder mit einem Hecht noch mit einem Rollmops etwas zu tun hat — über ein Dutzend auf dem Boden liegender anderer Kinder und beschädigen deren Rückgrat. Sie tanzen über den Schwebebalken, turnen wie die Affen auf Sprossenwänden, um so ihre Abstammung wie die ihrer Lehrer zu dokumentieren. Sie gleiten die Seile herab, daß die Hautfetzen von den Handflächen fliegen. Und dann gedenken sie der großen Idole ihrer Spitzensportler, deren Körperbau oft an die Figuren des grotesken Barocks erinnert, an die Schmerbäuche der Ringer, die Riesenherzen der Radfahrer, die monströsen Armzüchtungen der Tenniscupsieger und die Muskelpakete der Hammerwerfer, auf denen häufig nicht aus purem Zufall der kleine Kopf eines Kaninchens sitzt.

Sport und Politik passen wirklich gut zusammen.

Das lernen schon die Kleinen in den Märchenbüchern über die gesundheitliche Bedeutung der Leibesübungen, das lesen die Großen aus den essiggurkensauren Memoiren abgesägter Politiker.

> „Zu Tod gefürchtet ist auch gestorben."
> (Aus „Des Älplers Wunderhorn")

8 Tirol und Kärnten oder Von lustbaren Älplern und slowenischen Wasserzwergen

Böse Zungen haben auf der Fahrt quer durch Österreich folgende Charaktermerkmale der Bewohner festgestellt und verbreitet:

Die Wiener sind süß, aber falsch.
Die Oberösterreicher sind offen, aber grob.
Die Tiroler sind grob, aber falsch. —

Glücklicherweise stimmt diese flüchtige Bewertung nur zum Teil. Die näher betrachtete Wirklichkeit sieht folgendermaßen aus:

Die Wiener haben die Höflichkeit erfunden, aber sie wenden sie nur selten an. Die Oberösterreicher haben die Höflichkeit nicht erfunden, und deshalb findet man sie bei ihnen auch nur selten. Die Tiroler haben diese menschliche Annehmlichkeit weder erfunden noch je davon gehört. Bewohner der anderen Bundesländer verwechseln jedoch dieses doppelte Manko der Tiroler mit Stolz, und den Tirolern hat man das so oft vorgesagt, daß sie selber daran glauben. Mit anderen Worten, sie sind stolz, vor allem auf ihre Grobheit.

Die Tiroler leben in einem Land, das den Beinamen »heiliges Land« trägt. Eine etwas verwunderliche Bezeichnung für einen Alpenhauptkamm, den vom Berg Hermon einige tausend Meilen trennen. Tirol heißt auch nicht deshalb so, weil hier weniger Leute als im restlichen Österreich nach Erhalt einer Beitragsmahnung aus ihrer Religionsgemeinschaft austreten. Auch Älpler verlassen zuweilen die Mutter Kirche und ziehen zu Beelzebubs Großtante. Den Beinamen eines heiligen Landes führt das Land Tirol vielmehr auf Grund der zahlreichen Prozessionen, die hier das ganze Jahr über immer irgendwo in Szene gehen. Bekanntlich entfaltet sich die religiöse Begeisterung der Älpler nirgendwo heftiger als bei frommen Umzügen, die infolge Mitwirkung von Schützen und Böllern häufig in ein mittleres Manöver ausarten und durch Beschädigung von Gliedmaßen aller Art das Defizit der Tiroler Krankenkassen vergrößern. Hinzu kommt, daß die Älpler nicht nur auf-rechte, sondern auch rauf-echte Naturen sind und sich diese Eigenschaft manchmal in Form eines kämpferischen Katholizismus manifestiert. Vor allem im Oberland soll es heute noch vorkommen, daß Prozessionen zweier verfeindeter Ortschaften bewußt zur selben Zeit entlang der umstrittenen Gemeindegrenzen geführt und dann, wenn die psalmodierenden Gebete mehr und mehr in harten Wortwechsel übergehen, durch das Zusammenschlagen der Kreuzträger in offene Feldschlachten übergeführt werden. Dies geschieht sehr zur Freude der diensthabenden Ärzte und jener Studenten, die sich Anschauungsmaterial für die politischen Straßenkämpfe in der BRD holen wollen.

Die Tiroler lieben eben Taten mehr als Worte. Typisch für diese Haltung ist nicht zuletzt der berühmte Predigtstil jenes Kapuzinerpaters, der mehr als einmal an Stelle einer frommen Belehrung von der Kanzel herab nur einen einzigen Satz donnerte: »Herr, gib mir große Gedanken — ein großes Maul habe ich selber. Amen.« —

Das Land Tirol besteht aus Kitzbühel und St. Anton, und dazwischen liegt irgendwo Seefeld mit einem größeren Vorort namens Innsbruck.

Besagtes Innsbruck bemüht sich verzweifelt, durch die Veranstaltung verschiedener Olympiaden ein wenig bekannter als die drei oben erwähnten Orte zu werden*. So rüstet man sich hier von Zeit zu Zeit zu mancherlei akrobatischen Schnell- und Langläufen auf Schiern, Schlittschuhen, Röhrenknochen, Bobs und Seehundfellen, daneben aber auch zu hausgemachten Wettbewerben, wie etwa dem eines heimischen Volkssports namens »Totzenhacken«. Innsbruck eignet sich als Aus-

---

* Als größter Nutznießer der letzten Olympiade erwies sich trotz dieser Bemühungen wieder Seefeld.

tragungsort für Winterspiele deshalb besonders, weil es zur Winterzeit häufig von Staubstürmen heimgesucht wird, wie man sie in ähnlicher Intensität nur in der Wüste Sahara erleben kann.

Dreißig Kilometer westlich von Innsbruck liegt die bekannte Tiroler Brutanstalt für neue Schitalente, das Schigymnasium Stams**. Es ist im schneeärmsten Teil Tirols errichtet worden, wodurch sich wieder einmal des Älplers Hang zum Skurrilen zeigt. Kaum jemals wird ein Schüler in Versuchung geraten, in Stams seinen Talenten zu frönen, denn selbst mäßige Abfahrtsstrecken gibt es hier keine, soweit das Auge reicht. Daher werden dort auch bestenfalls gute Schanzenspringer herangezüchtet.

Als letzter Schrei wurde in Stams nun auch eine Schi-Handelsschule errichtet. Dort wird beileibe nicht mit Schiern gehandelt, wie ja auch an Mädchen-Handelsschulen nur selten der Mädchenhandel blüht, sondern mit Ratschlägen zum Erwerb künftiger Medaillen streng nach dem ökonomischen Prinzip.

Etwas weniger bekannt ist die Schihauptschule im Stubaital, bekannter hingegen sind die Nagelschmieden in jener Gegend. Sie verfertigen Nägel und Haken, denen auch der ärgste Beton nicht standhält, weil sie etwas vom sturen Willen ihrer Bearbeiter ins Material gehämmert bekommen. Als Spezialität fertigt man dort auch Steigeisen an, sowohl für Menschen als auch für das Vieh. Vor allem die Hühner tragen auf entle-

---

** Eine Parallele zum Schigymnasium in Stams ist das Schwimmgymnasium in Wiener Neustadt. Um auch die übrigen Bundesländer in den Genuß sportiver Schulen zu bringen, ist für die nächsten Jahre die Errichtung folgender Anstalten geplant: eine Stabhochsprung- und Töpferschule im Burgenland; eine Diskuswerferuniversität in Kärnten; eine Münzenzerbeiß- und Eisenstangenbieger-Volkshochschule in der Steiermark; eine Speerwurf-Hauptschule in Salzburg; eine Telefonbuch-Zerreiß-Handelsakademie in Oberösterreich; eine Tauzieher-Gewerbeschule in Vorarlberg und ein Reit- und Spring-Polytechnikum in Wien-Leopoldstadt mit intimen Trainingsmöglichkeiten in einem ehemaligen Hotel in Praternähe.

genen Berghöfen Steigeisen, um nicht abzustürzen. Unter fremdländischen Tierschützern geht das Gerücht um, in Tirol würde noch der Hahnenkampf nach thailändischem Vorbild ausgetragen. Welch fataler Irrtum! Die Fremden verwechseln friedliche Klammergeräte mit mörderischen Fußsicheln. —

Die Liebe der Tiroler gehört erstens ihrem Land, zweitens Wein, Schnaps und Bier und drittens der Musik. Letzteres ist freilich eine unerwiderte Liebe, doch gerade deshalb wird ihr mit um so größerem Eifer gehuldigt.

Keine noch so kleine Gemeinde kann es sich erlauben, keine Musikkapelle zu unterhalten. Und so schnaubt, pfeift, krächzt, orgelt und schnarrt es an den Abenden aus Schupfen und Scheunen, wenn die kräftigen Bauernburschen — selbst mächtig tönende Apparate mit Brustkörben von Gorillas — ihre Instrumente malträtieren.

Daneben pflegt der echte Tiroler eine Reihe anderer Hobbys. Er jodelt, schießt Salven und Böcke, fährt Schi und Rodel, gewinnt Weltpokale, besteigt Berge, stürzt in Gletscherspalten, schuhplattelt, behost sich leder, reißt Bäume aus, flucht wie ein Gastarbeiter und geht zur Erholung in den Alpenzoo. Langeweile kennt er nicht. Und im allgemeinen ist er auf Gott und die Welt recht gut zu sprechen.

Nicht immer gut zu sprechen ist er auf seine Landeshauptstadt. Ein wenig erinnert sie ihn an die ferne Metropole Wien.

Innsbruck ist, um es in aller älplerischen Grobheit zu sagen, eine brutale Stadt. Brutal sind hier das Wetter, das Klima und auch die Sprüche der Bewohner. Wer freilich ein wenig Brutalität liebt, wird voll auf seine Rechnung kommen.

Im Norden der Stadt erhebt sich ein natürlicher Staudamm, die Nordkette. Gegen ihn rennt in zweiundfünfzig Wochen im Jahr der Südwind an, fällt zurück und macht die Bevölkerung vom Greis bis zum Säugling konfus.

Innsbruck besitzt angeblich die schönste Straße der Welt, die Maria-Theresien-Straße, mit dem Blick aufs Hafelekar. In ihrer Mitte steht die Annasäule, die so heißt, weil auf ihrer Spitze die Jungfrau Maria thront. In Tirol tut sich vieles unter falschem Namen, vor allem auf dem Bausektor.

Am südlichen Ausgang der Maria-Theresien-Straße erhebt sich als Verkehrshindernis erster Ordnung die Triumphpforte, und gleich daneben baute geniale Ingenieurkunst des 20. Jahrhunderts ein Großhotel von beispielhafter Einfallslosigkeit. Nicht weit davon, in westlicher Richtung, schreit ein nicht minder genialer Bau zum Himmel, das neue Landesgericht, und verlangt mit stummen Selbstanklagen nach einem Prozeß um sein eigenes verfehltes Dasein.

Dafür ist die Innsbrucker Altstadt ebenso schön wie verfallen, und hinter den frisch getünchten Fassaden hausen Ratten und Gastarbeiter in jeder Menge.

Der Dom zu St. Jakob war früher einmal bloß Stadtpfarrkirche. Seine Düsternis hat nichts mit der Helle und Freundlichkeit der Wiltener Basilika zu tun, in der eine wunderschöne Muttergottes unter vier Säulen himmlische Tröstungen bereithält.

Die Eisernen Mannder in der Hofkirche sind so bekannt, daß man sie nicht näher zu erwähnen braucht. Jedes Jahr müssen ihnen Fingerglieder angeschweißt werden, weil Besucher, vor allem solche aus den Vereinigten Staaten, diese als Souvenirs abbrechen und mit heim über den großen Teich nehmen.

Die Innsbrucker sind ein eigener Menschenschlag. Man muß sie mögen, sonst mag man sie nicht. Sie sind zwar grob, tragen aber eine ehrliche Haut zu Markte. Im Unterschied zu anderen Gegenden sprechen in Innsbruck selbst die gebildetsten Schichten den fürchterlichsten Höttinger Dialekt, und jedermann findet das in Ordnung. Die Innsbruckerin ist ein verträglicher Kumpel, der nur ungern seinem Partner eine über den Schädel zieht, und tut sie es doch, so hat er e meist verdient. Sie ist weder besonders klug noch besonders sexy, aber dafür kann sie Schi fahren. Und das allein zählt hier. —

Tirol und Kärnten haben etwas gemeinsam, was sie nicht gemeinsam haben, und das ist Osttirol.

Die Lage Osttirols ist ein geographisches Unikum. Es reicht mit keinem Zentimeter seiner Landesgrenzen an Nordtirol und wird doch von hier aus verwaltet — nicht immer zur uneingeschränkten Freude der dort lebenden Bevölkerung. Entstanden ist dieser geographische Bruchsack nach dem Ersten Weltkrieg, als der Erbfeind im Süden kurzerhand Südtirol kassierte und zu italienischem Hoheitsgebiet erklärte.

Es hat, vor allem nach dem Zweiten Weltkrieg, nicht an Versuchen gefehlt, dieses gekaperte Südtiroler Land wieder heim ins Nordtiroler Reich zu holen. Aber trotz intensivster Bemühungen auf politischer wie partisanischer Ebene ist es nicht gelungen.

Heute haben sich die Gemüter beruhigt. Der Bruchsack Osttirol wurde durch eine Straße über Salzburger Gebiet und durch ein mautpflichtiges Loch im Berg mit seinem Stammland verbunden. Rein geographisch gehörte Osttirol allerdings eher zu Kärnten. Und die Kärntner haben auch immer wieder versucht, sich das Land einzuverleiben.

Schon auf der Landkarte ähnelt Kärnten dem Vorderteil einer Boa constrictor, die ihr Maul ganz weit aufspreizt, um das Meerschweinchen Osttirol zu verschlingen. Unter Adolf dem Glorreichen wäre es ihr beinahe geglückt. Aber da kam das Jahr 1945, und die Osttiroler flohen in letzter Minute zurück zu ihren Nordtiroler Ahnen. Und als vor wenigen Jahren der Kärntner Landeshauptmann wieder einmal den Vorschlag machte, man möge die Kompetenzen für Osttirol doch endlich nach Klagenfurt verlegen, da ergriff Tirols Landesvater das mächtige Wort und erklärte, er werde unverzüglich ein Heer von zehntausend Schützen aufbieten, um die Grenzen gegen Kärnten mit aller Gewalt zu verteidigen.

Die Kärntner ließen daraufhin von ihren Usurpationsgelüsten ab, sie haben schließlich an ihren Slowenen genug zu kauen.

In der geographischen Form sind sich übrigens Nordtirol

und Kärnten ähnlich. Man kann in beiden auch zerfranste Rechtecke sehen, Käseschnitten, von Mäusen benagt. Tirols Käse war dereinst wesentlich größer als der der Kärntner, doch die Nager aus dem Süden haben ihm, wie schon erwähnt, arg zugesetzt. Auch die Kärntner mußten ihren Käse gegen südliche Mäuse verteidigen, und auch sie hatten Einbußen hinzunehmen. Eine weitere Gemeinsamkeit, die die beiden Länder miteinander verbindet.

Der Nationalstolz ist in beiden Ländern gleich stark ausgebildet. In Kärnten schlug er allerdings arge Kapriolen. So bedrückte es die Kärntner seit je, daß in den Kochbüchern der ganzen Welt Wiener Schnitzel und Salzburger Nockerln auftauchten, jedoch kein Kärntner Gericht, und daß sogar der Steirische Sterz bekannter wurde als der Lavanttaler Leberlan. So erfanden sie eine geographische Speisenfolge, die sich aber trotz aller Bemühungen international noch immer nicht durchsetzen konnte; diese reicht vom Feldkirchner Grantenschleck, einem Preiselbeerkompott, bis zur Ferlacher Zeitung, einem Mürbteigkuchen, und zum Katschtaler Maulkorb, dem sinnigsten Hochzeitsgebäck der Alpenrepublik. Daneben gibt es noch so wunderliche Appetitbremser wie das Fastenkraut, den verheirateten Heidenbrei oder die Kärntner Kasnudeln, in denen weder Käse noch Nudeln zu finden sind.

Noch etwas haben Tirol und Kärnten gemein, und das ist ein hochspezialisierter Fremdenverkehr.

In beiden Ländern steigt man sommers auf Berge, um dort abzustürzen, sich zu verirren, mit Hubschraubern geborgen und in Spitäler oder Leichenkapellen eingeliefert zu werden. Im Winter wiederum versucht man auf alle mögliche Weisen sich die Knochen zu brechen, damit die Gipsproduktion nicht wie die restliche Wirtschaft, in eine Krise gerate. Diese Versuche geschehen nach Benützung teurer Sessellifts, die die ahnungslosen Wintersportler in eisige Höhen entführen, welche man rasch durch fußfertiges Hanggleiten wieder hinter sich zu bringen trachtet. Daß dabei die Knöchel splittern, Augen ausgestochen und Schlagadern geschlitzt werden, gehört ebenso zum guten Ton wie die Benützung heimischer Callboys und Callgirls, die ihr Gewerbe meist ohne festen Tarif, ganz dem Dienst am Kunden verpflichtet, ausüben*.

Im Sommer ist Kärnten Tirol gegenüber im Vorteil. Es besitzt mindestens hundert Seen mehr als Tirol, und zudem sind diese größer als die größten Staubassins, die man im Norden in die Berge betoniert hat. Außerdem ist im Süden das Wetter besser. Freilich, Kärnten ist und bleibt Österreichs geheimnisvollstes Bundesland.

Nicht nur das Volkstum ist hier in zwei Teile gespalten. Im Liesertal steht eine kleine Kirche, durch die ein Hohlweg führt: auf der rechten Straßenseite ist der Altar, auf der anderen sind die Gläubigen. Solche Dinge erregen leicht den Zorn des Himmels. Und so nimmt es auch nicht wunder, daß hier der gewitterreichste Ort Österreichs zu finden ist: Villach.

Villach ist zudem jener Ort Österreichs, wo der höchste Prozentsatz der Bevölkerung gewillt ist, sich nach dem Tod verbrennen zu lassen. Wer hier keine Zusammenhänge aufspürt, hat keinen Sinn für Feuerlichkeiten.

Was an den Kärntner Bewohnern als erstes auffällt, ist ihre bedrohliche Redeweise.

Sie sprechen einen Dialekt, der zwar für Österreicher verständlich ist, doch allen, die ihn hören, Schauer des Entsetzens über den Rücken jagt. Die Kärntner selbst entschuldigen dies damit, daß sie seit Generationen im Mundverkehr mit den Slowenen leben, was die Muskulatur ihrer Unterkiefer habe erschlaffen lassen. Auch hätten die ständigen Winde aus dem Süden ihre Stimmbänder windisch gemacht.

Die Kärntner Seen sind im allgemeinen lieblicher als die darum hausenden Leute. Und dies, obwohl in allen Kärntner Gewässern, wie alte Sagen berichten, Wassergeister wohnen. Sie zählen ohne Ausnahme zum germanisch-slowenischen Fußvolk Poseidons, als da sind Nöcke, Nymphen und Wasserzwerge. Neueren Forschungen zufolge sind die guten Geister deutschen, die boshaften slowenischen und die neutralen win-

* Nicht umsonst verbindet das Gailtal Tirol und Kärnten.

dischen Glaubens. Möglicherweise aber waren die Sagenforscher, die diese Feststellungen trafen, befangen.

Jedenfalls treiben die Wassergeister ihren Schabernack mit den Badegästen, lösen Frauen und Mädchen den Bikini — was diese oft gar nicht ungern geschehen lassen — und färben manchmal sogar einen ganzen See über Nacht rot ein. Und wenn die Limnologen das Farbenwunder auch mit Algenwuchs zu erklären suchen, so lachen sich die Wasserzwerge doch weidlich ins Fäustchen und freuen sich der roten Farbe, die im südlichen Nachbarstaat größtes Ansehen genießt.

Im Süden des Landes versteht man die Kärntner immer schlechter, bis man draufkommt, daß sie hier nicht mehr deutsch, sondern slowenisch sprechen. Größter Wunschtraum dieser Leute wäre es, Ortstafeln in ihrer Muttersprache vor den Häusern stehen zu haben. Man hätte ihnen das auch gern gewährt. Aber da wollten ähnliches auch plötzlich Orte, wo das Slowenische noch nie zu hören war. Und so entstand der große KOK, der Kärntner Ortstafelkrieg.

Mitten in Klagenfurt gibt es ein slowenischsprachiges Gymnasium. Im ganzen übrigen Kärnten aber gibt es eine Unzahl von Vereinen, die das Deutschtum hochhalten; manche Leute behaupten, es gäbe sogar mehr Vereine als Mitglieder. Mit Zahlen zu bluffen gehört zur Taktik beider Seiten, und beide Streitparteien fühlen sich stets benachteiligt, was immer auch geschieht oder nicht geschieht.

Dennoch, alles in allem ist das Land friedlich. Und wenn es heißt, daß sich in entlegenen, vor allem gemischtsprachigen Dörfern manchmal Plakate folgenden Inhalts finden:

HEUTE IM GASTHOF »WILDSCHWEIN«
GROSSER TANZABEND,
ANSCHLIESSEND GEMÜTLICHE MESSERSTECHEREI,

so ist das gewiß insofern übertrieben, als das Wort »gemütlich« hier fehl am Platze ist. —

Kärnten hat zwei Hauptstädte, eine offizielle und eine inoffizielle.

Die inoffizielle ist Villach, die offizielle Klagenfurt. Eine Autobahn verbindet beide Städte und könnte Nahkampftruppen in wenigen Minuten ins Kampfgeschehen werfen. Aber da die Kärntner Kämpen stets größeren Durst als Kampfeswillen zeigen, kam es noch nie zur offenen Feldschlacht.

Der Name Klagenfurt klingt ebenso tragisch wie unerforschlich. Unerforschlich ist auch, was Besucher an dieser Stadt an außergewöhnlich Reizvollem finden könnten. In Villach gibt es zumindest ein Warmbad.

In seiner Mitte beherbergt Klagenfurt einen Lindwurm, und darunter hat man eine Tiefgarage gebaut. Es ist zweifelhaft, was davon mehr Interesse verdient. Der Lindwurm zeigt sich auf allen Fotos, die ihn präsentieren, als ein recht monströses Vieh. In Wirklichkeit ist die Echse bei weitem nicht so bedrohlich, und man wundert sich, daß sich so ein Miniwurm als Wahrzeichen einer Stadt hatte durchsetzen können. Als ob es andernorts nicht auch Lindwürmer gäbe, männliche und weibliche, in der leiblichen Erscheinungsform von Bürochefs, Direktoren und Eheweibern. Wollte man ihnen allen hier ein geheimes Denkmal setzen? Dann hätte man längst einen Schritt weitergehen und den Lindwurm in einem symbolischen Akt auf den Grund des Wörther Sees versenken müssen.

Aber der Klagenfurter Lindwurm wird nach wie vor angestaunt, fotografiert, von Betrunkenen beritten und von halb Ernüchterten scheel beargwöhnt. Feuer spuckt er keines, aber das tun auch seine zweibeinigen Verwandten nicht mehr. Es genügt, daß er da ist und daß es sie gibt.

Der Stadtkern Klagenfurts ist ein großes Viereck, das sich Ring nennt. In seiner Gesamtanlage ähnelt die Stadt Marburg oder Laibach mehr als Salzburg oder Innsbruck. Im Unterschied zu Wien, wo der Ring annähernd etwas Kreisförmiges hat, ist aber der Klagenfurter Ring, wie schon gesagt, eckig.

Hier scheint man seit langem an der Quadratur des Kreises zu arbeiten.

Kein Wunder, wenn einem die Slowenenfrage so hautnah an der Schlagader sitzt.

> *"Und es öffnet sich die Klause,*
> *und die Ahnfrau geht nach Hause."*
> (Grillparzer, lose Touristensitten ahnend)

9 Der emanzipierte Fremdenverkehr oder Von Erfindern, Ärzten und anderen Kuriositäten

Österreich lebt weithin vom Fremdenverkehr.

Daß in unzulänglichen Gebirgsgegenden heute noch Urlauber geschlachtet, ausgeweidet und dann zum Selchspeck in den Kamin gehängt werden, beruht jedoch auf unbewiesenen Gerüchten. Diese werden vorwiegend von anderen Fremdenverkehrsländern ausgestreut, die ihrerseits den Gästestrom in die eigenen Gefilde umleiten möchten.

Zwar kann man im Wiener Völkerkundemuseum einen ausgestopften Neger bewundern. Aber der geriet nicht als Gast in unser Land, sondern als Abnormität der Natur zur Erbauung eines Habsburgers. Man berichtet, der adelige Herr habe stundenlang und neiderfüllt die dunkle Haut seines Dieners beäugt und unbewußt die Erfindung einer schnell bräunenden Sonnencreme zu eigenem Gebrauch herbeigesehnt.

Österreich ist erst nach dem letzten Krieg zum klassischen Fremdenverkehrsland Europas geworden. Millionen und Abermillionen, ein Vielfaches der Einwohnerzahl, nächtigen heute zwischen Jänner und Dezember in den teils gemütlichen, teils weniger gemütlichen Fremdenbetten, die für diese Zwecke bereitgestellt, frisch überzogen und zum Teil sogar individuell gewärmt werden.

Leuten mit abwegigen Gelüsten macht es Spaß, zu errechnen, wie viele ungesetzliche Beinächtigungen wohl innerhalb dieser Millionen zu finden wären. Schlecht, wie sie von ihren Mitmenschen denken, vermuten sie, daß zumindest jede zwanzigste Beinächtigung illegitimen Charakter trägt.

Die österreichische Jugend, vor allem jene der westlichen Bundesländer, gibt sich alle Mühe, die Zahl dieser illegitimen

Beinächtigungen noch zu erhöhen. Nach dem Grundsatz, daß der Gast souveräner König sei, unterwirft sie sich freiwillig recht modernen Formen der Leibeigenschaft. Und um die Kommunikation zwischen Gästen und Einheimischen zu erleichtern, wird an allen österreichischen Schulen zumindest eine Fremdsprache gelehrt.

Der Österreicher verfügt über ein ausgezeichnetes Sprachentalent. Ihm genügen zwei Wochen Aufenthalt in der Schweiz, um echtes Schwyzerdütsch zu sprechen, drei Wochen Aufenthalts in Hannover, um im berüchtigtsten Germanenslang zu quasseln, und ein Wochenende in London, um sein Wienerisch mit typisch englischem Akzent anzureichern.

Ganz anders liegen die Dinge bei den deutschen Brüdern und Schwestern.

Daß sie während der kurzfristigen Aufenthalte in Tirol oder Salzburg das Landesidiom nicht erlernen, sei ihnen nachgesehen. Aber es gibt viele von ihnen, die schon seit Jahrzehnten in Österreich wohnen, und man erkennt ihre Herkunft immer noch, sobald sie den Mund auftun.

Natürlich gibt es Ausnahmen der Sprachgelehrigkeit. Bekannt ist das Beispiel jener Schwedinnen, die, ohne ein Wort Deutsch zu beherrschen, Sprachkurse in Mayrhofen besuchen wollen. Sie schreiben sich in die Deutschkurse ein, werden drei Wochen lang bei keiner einzigen Lektion gesehen und sprechen doch am Ende des Lehrgangs ein perfektes Zillertalerisch.

Das Englische lernen die österreichischen Kinder schon in den Volksschulen. Niemand weiß im Grunde, weshalb man auf das Englische so großen Wert legt. Zwar wird Österreichs beliebtestes Rundfunkprogramm ausschließlich in englischer Sprache abgewickelt, doch schreien, brüllen, grölen und rülpsen die dort gastierenden Interpreten mangels guter Kinderstube in so unflätigem Slang, daß selbst Anglisten die Entzifferung unmöglich ist. Einzige Folge des Englischunterrichts ist meistens nur, daß die jungen Österreicherinnen gleich nach Beendigung der Pflichtschule als Au-pair-Mädchen nach Großbritannien ziehen, um dort beim sprachlichen Kontakt mit

Griechen, Türken und Negern nicht nur ihres mühsam erlernten Englischs, sondern auch ihrer guten Sitten verlustig zu gehen.

Ein ganz anderes, weil familiäreres Verhältnis hat der Österreicher zu den Sprachen des Ostens, vor allem im Wiener Bereich. Das Tschechische wird dort bis in allerhöchste Spitzen der Gesellschaft hinauf als vertraute Umgangssprache gepflogen, und nicht minderen Ansehens erfreut sich in diesen Kreisen das Ungarische, Polnische und Jiddische. Daneben gibt es einige Dutzend slowenischer Schulen in Österreich, das Kroatische wird im Burgenland zelebriert und das Schwyzerdütsch in einigen Gegenden Vorarlbergs.

Ein Kapitel für sich ist die österreichische Sprache an sich.

In allen Schulen wird Deutsch als eigene Fremdsprache unterrichtet. Das Österreichische weist nämlich mit dem Deutschen nur entfernte Verwandtschaft auf*. Wenn einmal ein Engländer, der in Berlin, und ein Franzose, der in Wien Germanistik studiert hat, einander in Spanien begegnen und sich auf deutsch unterhalten wollen, werden sie sich vor Verzweiflung die Haare raufen.

Noch Jahre nach dem letzten Krieg hat man sich gescheut, die österreichische Sprache mit der deutschen gleichzusetzen und hat sie daher einfach »Unterrichtssprache« genannt. Damals erschien erstmals das »Österreichische Wörterbuch«. Als verantwortlich zeichnete der damalige Unterrichtsminister Dr. Felix Hurdes. Die deshalb vorgeschlagene Bezeichnung „Hurdestanisch" für das Österreichische hat sich jedoch nicht durchsetzen können.

Die Überflutung aus dem Norden bringt es allerdings mit sich, daß immer mehr deutsche Ausdrücke ins Österreichische einfließen. Am besten kann man dies an den Speisekarten der Gaststätten nachprüfen.

Jene Betriebe, die statt in Schillingbeträgen die Preise gleich

---

* Das erkannte schon Karl Kraus, als er sagte, Österreicher und Deutsche unterschieden sich dadurch, daß sie die gleiche Sprache sprächen.

in D-Mark angeben — deren gibt es vor allem in Tirol, Salzburg und Vorarlberg gar nicht wenige —, sind hier bahnbrechend. Dort faßt man auch die Aufzählung der kulinarischen Köstlichkeiten in einer Sprache ab, die dem nur hurdestanisch gebildeten Wiener jeden Aufenthalt im Westen verleiden. Weiß er doch häufig nicht mehr, was er für seinen Magen bestellen soll. Denn das Eisbein hat für ihn immer noch etwas mit Schlittschuhfahren und Stadthallenrevue zu tun, aber schon gar nichts mit Geselchtem. Blumenkohl läßt ihn an einen Autokorso denken, doch niemals an Karfiol. Seine schönen Paradeiser wurden längst zu Tomaten umfunktioniert, die Hetschepetsch zu Hagebutten, die Knödel zu Klößen, die Marillenmarmelade zum Aprikosenjam, die Orangen zu Apfelsinen, die Grapefruit zur Pampelmuse — ein Wort, das ihn, je nach Laune, entweder belustigt oder aufs höchste alteriert; die Karotten zu gelben Rüben, die Rohnen zur roten Bete, die Germ zur Hefe, die Omeletten zum Pfannkuchen; und was ausgelöste Hesse sind oder gar ein Strammer Max: das läßt ihm die Magensäure perlen wie in einer Sodaflasche.

Der Ostösterreicher, vorab der Wiener, verliert während dieser Speisenkartenlektüre jeglichen Appetit. Der Druck in seinem Magen wächst, er fährt heim und stellt fest, daß er um drei Kilogramm leichter geworden ist; solches freut ihn wiederum über die Maßen, so daß er beschließt, demnächst doch neuerlich nach Tirol zu fahren.

Wie gesagt, im Sinne des Fremdenverkehrs ist man drauf und dran, das gute alte Österreichisch — vor allem im gastronomischen Bereich — aufzugeben und durch härtere, aber durch Funk und Fernsehen weiter verbreitete Deutsch zu ersetzen.

Mit Rücksicht auf die Gäste aus Übersee nimmt aber auch die Anglisierung immer heftigere Ausmaße an*. Die öster-

---

* Der Wiener bevorzugt seiner Natur nach Lehnwörter aus dem Tschechischen. Einzig und allein die »Greißlerei« — ein Minisupermarkt mit Küß-die-Hand-Empfang und diskreter Seelenwäsche beim Einkauf — weist eine frappante Ähnlichkeit mit der englischen »grocery« auf.

reichische Jugend spricht zwar nach wie vor ihren urwüchsigen Dialekt. Aber wenn sie zu singen anhebt, tut sie dies auf englisch. Dabei akrobatisiert sie mit dem Kauapparat noch ärger als ihre wilddrapierten Übersee-Idole. Und wer auch in der älplerischsten Bar — dort, wo Muspfannen von der Decke hängen und die Wagendeichsel noch nach Heu duftet — dem Gelärm einer Tanzkapelle beiwohnt, der weiß, daß allerorten die amerikanische Stunde geschlagen hat.

Erwähnt soll hier noch werden, daß in Österreich immer mehr Orte in Fremdenverkehrsprospekten auftauchen, die ihre guten alten Namen mit der englischen Endung des Gerundiums versehen, einem »-ing«, und das ist eine der übelsten Konzessionen an den Fremdenverkehr. Man findet derlei Ortschaften von Going in Tirol bis Güssing im Burgenland, vor allem aber in Oberösterreich, weil hier nach dem Krieg zehn Jahre lang die amerikanische Besatzungsmacht stationiert war*.

Die Gäste, die Österreich besuchen, stammen vorwiegend aus der Bundesrepublik Deutschland. Von dort reisen sie in allen Altersgruppen und meist herdenweise ein. Aus den skandinavischen Ländern kommen vor allem Gäste jüngeren Alters.

Von den Engländern kann man dies nicht sagen. Sie schicken ganze Schiffsladungen voll Ladies jenseits der fleischlichen Anfechtung nach Österreich, wohl in der stillen Hoffnung, damit die überbelegten Inselfriedhöfe etwas zu entlasten. Am schlimmsten aber steht es um die Besucher aus den USA.

Der überwiegende Teil dieser Gäste besteht aus Witwen. Zwar sterben auch in Österreich die Männer um einige Jahre früher als ihre Frauen, aber bei den Amerikanern scheint dieses Mißverhältnis noch wesentlich ärger zu sein.

* Ein Beschluß der Kärntner Landesregierung, in Erinnerung an die englische Besatzung die Burg Hochosterwitz in High-Easter-Joke umzubenennen, scheiterte allerdings bisher am Einspruch der slowenischen Minderheit. Aber auch den Tirolern gelang es bisher nicht, den Ort Kirchbichl in Churchhill umbenennen zu lassen, da man in Tiroler Landhaus wohl des Italienischen, nicht aber des Englischen mächtig ist.

Franzosen, Schweizer, Holländer und Belgier stellen einen gesunden Querschnitt durch alle Altersgruppen, was vor allem die liebesbereite österreichische Jugend mit Genugtuung zur Kenntnis nimmt. Ist doch ein Barbesuch mit einem feurigen Franzosen zweifellos attraktiver als die Begleitung einer nur noch glimmenden Ami-Mumie, die vorwiegend aus Stelzen, Stützen, Farben, Perücken und Selbstbewußtsein besteht. Der Heimvorteil liegt, wie meist, auf seiten der österreichischen Mädchen, weshalb nicht wenige junge männliche Österreicher den jährlichen Fremdenüberflutungen mit gemischten Gefühlen entgegensehen.

Am einfachsten haben es hier die jungen Wiener. Sie gehen, wenn ihnen die Angebetete wieder einmal mit einem Ausländer durchgebrannt ist, ins Kaffeehaus zum großen Seufzertreff.

Und wo geseufzt wird und die Gefühle unerwidert aus den Herzen fließen, stehen die Schalen der Kultur bereit. Es ist kein Wunder, daß im Kaffeehaus ein Großteil der österreichischen Kunst, vor allem der sehnsuchtsvollen Dichtung, entstand. In den Bundesländern, die das Café als Wehen- und Geburtsstätte dichterischen Aderlasses nicht kennen, gibt es daher nur wenig Kultur.

Aber auch zahllose Erfindungen, all die genialen Seitensprünge der Maler und Architekten, für die Österreich bekannt ist, sowie viele andere Merkwürdigkeiten haben ihren Ursprung im Wiener Café — behaupten zumindest die Wiener Kaffeehausbesucher, das heißt also alle echten Wiener.

Seit das Café auch in Wien allmählich ausstirbt, stirbt auch die Originalität des Wieners. Denn nur Originale können Originelles erfinden. Und Österreich war einmal das unbestrittene Land origineller Erfindungen.

Das ist heute nur noch teilweise der Fall.

In früheren Zeiten wurde so ungefähr all das in Österreich erfunden, von dem heute die Russen behaupten, sie hätten es entdeckt, und von dem die Amerikaner erwarten, daß sie als Urheber in den Lexika aufscheinen. Niemand soll hier mit Namen gelangweilt werden. Aber tatsächlich ist die Zahl der österreichischen Erfindungen und Entdeckungen Legion, von der Schreibmaschine und der Nähmaschine, dem Benzinmotor, dem Schweißapparat und dem Ganzmetalluftschiff über die Zündholzschachtel, den Gasglühstrumpf, das LD-Stahlblasverfahren bis zum schluckbaren Penicillin und dem Kugelschreiber, der auch im luftleeren Raum schreibt. Als besondere Kuriosität muß hier vermerkt werden, daß eine der epochalsten Erfindungen des Schiffswesens, nämlich die Schiffsschraube, ausgerechnet von einem österreichischen Förster gemacht wurde. Er hieß Josef Ressel und wurde für seine Verdienste um die Schiffahrt zum »k. k. Marineforstintendanten« ernannt — eine wahrlich kakanische Lustbarkeit der Titelverleihung. Und wie Richard Wagners »Walkürenritt« klänge, hätte nicht zuvor Christian Doppler den Dopplereffekt entdeckt, läßt sich überhaupt nicht vorstellen.

All die genannten Erfindungen und Entdeckungen waren und sind Höchstleistungen auf dem Gebiet menschlichen Geistes und nur durch eine Eigenschaft des Österreichers erklärbar, die seine ganze Widersprüchlichkeit aufzeigt: Der Österreicher ist der konservativste Progressist, der sich denken läßt. Es gibt kaum eine technische Neuerung, die in Österreich nicht sogleich Fuß gefaßt hätte; aber meist blieb es bei diesem einmaligen Fußfassen. Anscheinend mußte man sich dann von dem Schock erholen, den der Mut zur Tat mit sich gebracht hatte. Und das dauerte stets ziemlich lang. So ist in Österreich auf technischem Gebiet ziemlich vieles hoffnungslos veraltet, weil es sich seit seiner Gründung nicht mehr verjüngen durfte.

Mitte des vorigen Jahrhunderts baute, um nur ein Beispiel zu nennen, Karl Ritter von Ghega die Eisenbahn über den Semmering. Man hielt seinen Plan zunächst für wahnwitzig. Es gäbe, so unkten die Besserwisser bis hinauf zum Erfinder der Dampfmaschine, keine Lokomotiven, die einen Zug über solche Gebirgsstrecken ziehen könnten, und niemals werde es derart starke Maschinen geben. Außerdem wäre es gefährlich, Berge zu durchtunneln, und man wisse nie, was sich im Innern so eines Gebirgsstocks alles aufhalte.

Als die Bahnlinie fertiggestellt war, zogen die Loks die Wagen mühelos über die Bergstrecke; und sie ziehen sie auch heute noch über dieselbe Strecke. Die Semmeringbahn wurde zum vielbewunderten Vorbild für die Schweizer Alpenbahnen und für die Andenbahn in Südamerika.

Aber die Zeit blieb nicht stehen außer in Österreich, und so ist inzwischen aus der einstmals kühnsten Gebirgsbahn der Welt eine veraltete Bahnstrecke geworden, auf die das Ausland mitleidig herablächelt.

Und ähnlich wie Ghega erging es unzähligen.

Österreich hat bis heute siebzehn Nobelpreisträger hervorgebracht, aber kaum jemand in Österreich kennt sie. Österreich hat die moderne Medizin auf nahezu allen Teilgebieten begründet, aber wer heute in ein überfülltes Spital eingeliefert wird, glaubt sich ins tiefste Mittelalter zurückversetzt.

Auch die Homöopathie hatte hier ihren Ursprung. Heute verfügt sie nicht einmal mehr über einen eigenen Lehrstuhl. Krank waren die Österreicher ja immer schon, und selbst in Hungerszeiten starben viele von ihnen an Fettsucht. Hausrezepte, die heute noch wirksamer sind als moderne Arzneien, gehen bis ins 14. Jahrhundert zurück. Im 16. Jahrhundert wirkte Paracelsus hier, und er war keineswegs jene Schreckensfigur wie sein Zeitgenosse Dr. Eisenbart in Deutschland.

1486, noch vor der Entdeckung Amerikas, wurde in Hall in Tirol der erste Silbertaler geprägt, ein Alpendollar im wahrsten Sinn des Wortes. Noch älter ist die erste Gewerkschaft der Welt, die Bergknappen in Brixlegg gründeten. Und schon in der ersten Hälfte des vorigen Jahrhunderts haben die Industriellen Schoeller und Krupp in Berndorf in Niederösterreich für ihre Arbeiter eine Krankenkasse, eine Unfallversicherung und das Wohnungseigentum geschaffen.

Diese aktive Vorrangstellung Österreichs in früheren Zeiten wird heute nur noch durch einige lahme, wenngleich ungewöhnliche Versuche im Rahmen der Entwicklungshilfe fortgesetzt.

Wenn etwa Milch im Überschuß produziert wird, so entzieht man ihr das Wasser, verkocht selbiges zu erstklassigem Hundefutter und exportiert das Trockenpulver in Zonen, die ihrerseits so an Wassermangel leiden, daß sie das Pulver nicht anrühren können.

Also liefert man auch Brunnenpumpen, die mit Dieselöl betrieben werden müssen, welches aber in den wasserarmen Zonen gleichfalls nicht vorhanden ist.

Daher schickt man das Dieselöl aus den heimischen Raffinerien gleich mit, um die Brunnenpumpen in Tätigkeit zu bringen, die das Wasser liefern sollten, womit man das Milchpulver anrühren könnte.

Da aber das Wasser meist zu tief sitzt, die Pumpen defekt sind, das Dieselöl gestohlen wird und das Milchpulver mit Zementsäcken verwechselt und zum Anmachen von Beton mißbraucht wird, schadet diese Art der Entwicklungshilfe kaum. Es sei denn, daß die mit Milchpulverzement errichteten Brücken und Häuser einstürzen, worauf man ärztlich ausgebildete Entwicklungshelfer aussenden muß, die die Verletzten einigermaßen versorgen können.

Umgekehrt wird natürlich auch Zement als Entwicklungshilfe exportiert und im Nahen Osten vielfach als Milchpulver verkauft, was heranwachsende Jugendliche mit Betonschädeln zur Folge hat.

Darum plädieren viele Österreicher, daß sowohl das Milchpulver als auch der Zement im Lande bleiben sollten. Das Milchpulver sollte besser an vierbeinige Schweine verfüttert, der Zement zum Bau von Großkraftwerken verwendet werden. Denn schließlich braucht man sehr viel Strom, um Zement herzustellen und Milchpulver auszufällen. Die Gefahr besteht nur darin, daß man auch bei uns Milchpulver und Beton verwechseln könnte.

Wird aber so ein Kraftwerk dann — weil in Österreich seit Maria Theresia die Emanzipation ohnehin mehr als vollzogen ist — von einer Architektin gebaut wie etwa Kaprun, so fügt es sich nicht bloß glückhaft harmonisch in die Landschaft ein, sondern zeigt auch typisch weibliche Züge. Die Limbergsperre erinnert an einen Keuschheitsgürtel, und mit der Straße zur Staumauer sowie mit dem gestauten Wasser dahinter kann man — mit einiger Phantasie — die kühnsten gynäkologischen Vorstellungen verbinden. Und da Kaprun Vorbildwirkung hatte, bauen die harten Männer ihre Kraftwerke heute noch als feminine Sehnsüchte in die Felsen hinein. Es ist überhaupt vieles so sympathisch unmännlich in diesem gastfreundlichen und liebenswerten Land.

Vielleicht liebt man deshalb Österreich so sehr auf der ganzen Welt.

> „Sie Sandler*, gehn S' zum Salz-
> amt!"
> (Weitverbreitete Beschimpfungsformel
> im Osten Österreichs)

10 Ober- und Niederösterreich oder Von gevierteilten Ländern und Milch, Wein und Wildsäuen

Oberösterreich ist ein Bundesland, in dem Milch und Honig fließen.

Vor allem die Milch ist es, die hier in dicken Strahlen aus den Eutern Tausender Kühe und anderer Tiere, die sich für Kühe halten, strömt. Diese Milch wird teils verwässert und verkauft, teils unverwässert weiterverfüttert, teils pulverisiert zu Geld gemacht und zum Teil verkäst. Da französische Käsesorten den Österreichern besser schmecken als einheimische, kommt man diesem Wunsch in Schärding gern nach und versieht die ausgefüllten Milchprodukte mit entsprechenden Plaketten.

Die Oberösterreicher zählen einesteils zum Stammgebiet Urösterreichs, andernteils gehörten sie noch vor zweihundert Jahren zu Bayern. Jene Andersteiligen, die im Innviertel hausen, benehmen sich auch so. Der Streit, ob man sich dort bajuwarisch oder österreichisch fühlen sollte, dauerte bis 1779 und wurde recht handgreiflich in zahllosen Scharmützeln ausgetragen.

Die übrigen Österreicher haben nie bedauert, daß sie die Innviertler zu ihren Landsleuten gemacht haben. Ob das umgekehrt auch der Fall ist, weiß man nicht. Lediglich von einer Stadt würde man heute noch mitunter ganz gern sagen können, sie liege auf deutschem Staatsgebiet, nämlich von Braunau am Inn.

---

* Sandler = ursprünglich Sandstreuer, Straßenkehrer; heute liebevolles Synonym für eine gestrandete Existenz.

Von dorther stammt jener gescheiterte Kunststudent, der als ein rechtes Monster in die Geschichte eingegangen ist. Zum Glück haben die Österreicher das umwerfende Talent, anrüchige Produkte ihres Landes zu Ausländern zu stempeln, andererseits bedeutende Ausländer für Inländer zu erklären. Und so glaubt heute alle Welt, Adolf Hitler wäre ein Deutscher gewesen, Ludwig van Beethoven hingegen ein Österreicher.

Neben dem Innviertel gibt es in Oberösterreich auch ein Mühlviertel, in welchem keineswegs mehr Mühlen als anderswo in Tätigkeit sind; vielmehr fließen hier zwei Rinnsale mit Namen Mühl durch die Gegend, und in Ermangelung besserer Paten nannte man nach ihnen das Viertel. Außerdem gibt es für jeden Bewohner des Landes pro Tagesstunde ein Mostviertel, was den Alkoholspiegel im Blut oft faszinierend in die Höhe treibt.

In Wels endet eine Nebenstrecke der Österreichischen Bundesbahnen, die einen geradezu vorbildlichen, wenn auch etwas zeitraubenden Schrankenwärterdienst aufzuweisen hat. Der Zug bleibt dort jeweils vor den Bahnübergängen stehen, der Zugführer steigt aus, läßt den Schranken herab, der Zug passiert die Straßenkreuzung, bleibt wieder stehen, der Zugführer läßt den Schranken hochfahren, besteigt den letzten Waggon und gibt nun erst das Signal zur endgültigen Weiterfahrt.

Dieses ebenso merkwürdige wie liebenswerte Verhalten des Zugpersonals ist symptomatisch für die Oberösterreicher im Allgemeinen und für die Österreichischen Bundesbahnen im Besonderen.

Oberösterreich ist ein stilles und schönes und an manchen Punkten etwas scheintotes Land. Besonders dort, wo es sich der tschechischen Grenze nähert. Dort hat man auch den Oberösterreichern im Grenzbereich Land abgezwackt; aber davon sprechen sie kaum, im Gegensatz zu den Tirolern und Kärntnern.

Es liegt aber auch die allerschönste, wenngleich unglücklicherweise auch regenreichste Landschaft Österreichs größtenteils auf oberösterreichischem Gebiet: das Salzkammergut*.

Zu Zeiten der Monarchie war dort die heimliche Hauptstadt der adeligen Ganz- und Halbwelt. Nicht einmal in Wien schwelgt man heute noch so in elegischen Träumen vom Kaiser Franz Joseph wie in Bad Ischl, und dementsprechend sieht es dort auch aus.

Linz, Oberösterreichs Hauptstadt, ist eine der merkwürdigsten österreichischen Großstädte. Man hat dort nie das Gefühl, in einer Großstadt zu weilen. Wer über den Hauptplatz geht, glaubt sich in einen der vielen oberösterreichischen Marktflecken versetzt; es ist hier nur alles ein wenig mehr aufgeplustert und größer als etwa in Schärding oder in Bad Hall, und außerdem rattert eine gelbe Straßenbahn herum.

Nicht einmal die Kirchen von Linz haben großstädtischen Charakter. Der wunderschöne alte Dom ist in einem leicht verlotterten Zustand, der neue, ein pseudogotisches Monstrum, der architektonische Alptraum einer mißratenen Wiedergeburt.

Die Altstadt erinnert hin und wieder ein bißchen an die Salzburgs. Aber was dort natürlich, beschwingt und verspielt ans Geniale grenzt, bleibt in Linz in hoffnungsvollen, doch unvollendeten Anläufen stecken. Am Abend ist die Beleuchtung schlecht, was Salzburg romantisch macht, hier jedoch öde wirkt. Linz fehlt die katholische Heiterkeit der Salzburger Erzbischöfe. Irgendwie merkt man der Stadt heute noch an, daß sie vor langer Zeit das Zentrum des politischen Protestantismus war.

Heute ist Linz eine verträumte Stadt der Schwerindustrie. In ihrem Osten rauchen die Schlote und qualmen die Schornsteine, daß sogar noch der Himmel darüber rötlich schimmert, nicht nur die parteipolitische Tünche dieses Riesenwerkes.

In Linz hat man ein großes Unfallkrankenhaus unmittelbar

---

* Oberösterreich scheint überhaupt vom Wetter benachteiligt zu werden. Vom nördlichen Teil des Landes behaupten böse Zungen gar, hier gäbe es sieben Monate im Jahr Winter und fünf Monate Regen.

neben die Bahn hingebaut, auf daß die verunfallten Personen
— diese Formulierung ist eine Lebendgeburt österreichischen
Versicherungsdeutschs — stets ihre Freude an rangierenden
Zügen, Puffergeräuschen und den schrillen Pfiffen des Verschubpersonals haben können. Man hat auch die Industriezone so nahe an die Stadt herangelegt, daß eins ins andere
übergeht und man nie genau weiß, wo die Promenadenwege
aufhören und die Kohlenhalden beginnen. Immerhin erfand
Karl May, als er im Jahre 1901 fast zwölf Monate in Linz
zubrachte, aus Langeweile und Trotz die Abenteuer von
Hadschi Halef Omar und Winnetou. —

Im Unterschied zu Oberösterreich haben die Niederösterreicher keinerlei Schwierigkeiten mit ihrer Landeshauptstadt;
die gibt es nämlich gar nicht. Man sollte es nicht für möglich
halten, daß sich das größte aller österreichischen Bundesländer
mit einem Hauptstadtersatz zufriedengeben muß, nämlich mit
Wien. Aber dem ist so*.

Natürlich gab und gibt es eine Reihe von Bewerbern für
eine eigene Landeshauptstadt. Aber die Eifersüchteleien unter
den vier wichtigsten Aspirantinnen konnten noch stets verhindern, daß eine von ihnen die Konkurrentinnen aus dem
Feld geschlagen hätte.

Gut im Rennen liegt seit je St. Pölten, das seiner Größe wie
auch seiner Lage nach recht geeignet wäre, Niederösterreichs
Hauptstadt zu werden. Freilich, wer St. Pölten einmal an
einem Sonntagnachmittag gesehen und erlebt hat, wundert
sich nicht, daß dies bis jetzt nicht gelungen ist.

Die Stadt ist dann wie ausgestorben. Im Dom schnarcht ein
Sandler, und von den spärlichen Gasthäusern hat vielleicht
eines geöffnet, und das nur unter großem Mißmut. Immerhin
besitzt St. Pölten ein eigenes Stadttheater, in welchem ein
paar Jahre später all das gespielt wird, was die Interessierten
schon im nahen Wien gesehen haben.

---

* Wien ist nicht nur Bundeshauptstadt, sondern auch ein eigenes
Bundesland.

Als Hauptstadt Niederösterreichs käme weiters in Frage das alte Städtchen Krems.

In Krems gibt es eine derartige Menge höherer Schulen und dementsprechend so viele Mittelschullehrer, daß es auffällt, wenn ein Herr ausnahmsweise nicht als als »Herr Professor« angesprochen wird. Krems ist ein Kleinod des Denkmalschutzes und als solches mit zwei Nachbarorten verwachsen, die »Und« und »Stein« heißen. Zählt man die drei Orte zusammenhängend auf, so ergibt das das geographische wie grammatikalische Unikum »Krems und Und und Stein«, ein regulärer Satz mit drei regulären »und« hintereinander. Das Bedauerliche ist nur, daß der Stadtteil »Und« nirgends in den Karten aufscheint. Man weiß daher nicht genau, ob diese spielerische Namensfügung nicht bloß eine falsche Tradition ist, die ihren Ursprung in einem stotternden Bürgermeister des vorigen Jahrhunderts hat.

Als dritte Aspirantin bewirbt sich Wiener Neustadt seit langem um den Sitz einer Landeshauptstadt.

Dort steht bereits eine Militärakademie, und die dort ausgebildeten Elitetruppe könnte in Krisenzeiten zwar keine Staatsstreiche — die müßten ja in Wien produziert werden —, wohl aber Landstreiche verhindern. Außerdem hat Wiener Neustadt einen ganz großen Sohn hervorgebracht, der allerdings in Zell am See beerdigt wurde, nämlich Ferdinand Porsche. Er hat den seltsamsten aller Käfer erdacht, der Benzin säuft und läuft und läuft und läuft.

Um dennoch Prominenz in Wiener Neustädter Erde zu wissen, hat man hier den Kaiser Maximilian I. bestattet, wiewohl dessen Grab in der Innsbrucker Hofkirche steht.

Als letzte heimliche Landeshauptstadt fühlt sich Baden. Es liegt allerdings so nahe bei Wien, daß eine Straßenbahn von einer Stadt zur anderen fährt. Die Niederösterreicher, ausgenommen die Badener, sind nun der klugen Ansicht daß man da ohnehin beim vorläufigen Provisorium bleiben könnte.

Und vermutlich wird Wien, die provisorische Hauptstadt

Niederösterreichs, auch weiterhin als solche bestehen. Denn nichts hat in Österreich mehr Bestand als ein Provisorium.

In vieles, was in Österreich bemerkenswert ist, und in so gut wie alles, was der Verwaltung nahesteht, haben ausländische Nachbarn hineingepfuscht. Nicht nur Oberösterreich, auch Niederösterreich zerfällt in Viertel. So, als hätte man es hier mit Schlachtrindern oder Schweinen zu tun, deren vorderes Linkes den Preis des hinteren Rechten drückt. Die Viertel Niederösterreichs sind eindeutige Relikte der Verwaltungsmaßnahmen des böhmischen Königs Ottokar II. Am bekanntesten von ihnen sind das Waldviertel und das Weinviertel.

Oberösterreich wie Niederösterreich beherbergen eine ganze Reihe von Orten, deren Namen auszusprechen man sich unter gewissen Umständen hüten sollte. Gmunden und Scheibbs, um nur zwei Beispiele zu nennen. Gmunden ist bei Stockschnupfen nicht verständlich über die Lippen zu bringen, Scheibbs bei Neigungen zum Stottern.

Eine Besonderheit im niederösterreichischen Waldviertel ist das Truppenübungsgelände des österreichischen Bundesheeres.

Das österreichische Bundesheer verfügt über ein gewaltiges Waffenarsenal, und wenn sich drei Hubschrauber gleichzeitig in die Luft erheben, so ist noch nicht einmal die Hälfte der Luftwaffe im Einsatz. Ähnliches geschieht, wenn man mit neun Panzern ausfährt oder vier Kanonen aus dem Schuppen zieht. Die verbliebene Reserve ist mitunter sogar noch doppelt so groß wie das eingesetzte Material, nur leider stark verrostet.

Um die Waffen sinnvoll einsetzen zu können, muß man damit üben. Und so schießt man hinter dem Stift Zwettl mit Granaten, die nur dank der Gnade Gottes noch nie den gewaltigen Turm Josef Munggenasts getroffen haben.

Das Truppengelände bei Allentsteig ist aber, da die Österreicher ein sparsames Volk sind, zum größten Teil des Jahres eine friedliche Gegend. Auch wenn nur Bauern die Felder betreten und bepflanzen dürfen, um im Herbst pulverdampfgeschwängerte Erdäpfel auf die Märkte zu bringen.

Irgendwo in irgendwelchen Gemeindeämtern ist stets angeschlagen, wann und zu welchen Zeiten man als ahnungsloser Kraftfahrer eventuell damit rechnen muß, in mittlere Gefechte zu geraten. Diese Ankündigungen liest natürlich kein Mensch, weil sie prinzipiell nicht stimmen. Die Durchführung der Manöver hängt — das ist noch Tradition von der Kaiserzeit her — von zahlreichen unvorherschaubaren Fakten ab, als da sind Wetterlage, körperliche Beschwerden der Generäle, Mondphasen und Fußballübertragungen im Fernsehen. So hat man sich auf ein eigenes Manöverzeichen geeinigt. Dort, wo die Durchzugsstraße in das Übungsgelände hineinführt, stehen zwei Masten. An ihnen kann man, wie andernorts Fahnen, rotweiße Tonnen aufziehen. Stehen die Tonnen auf dem Boden, so ist unbehinderte Durchfahrt möglich. Sind die Tonnen hochgezogen, so bedeutet das Gefahr.

Doch auch diese Zeichen sind häufig wirkungslos. Denn im allgemeinen befindet sich, wenn man an besagte Einfahrt kommt, eine Tonne in der Luft und die andere auf dem Boden. Man kann sich dann aussuchen, ob man einen größeren Umweg auf sich nehmen will oder lieber der Gefahr ins Auge blickt, als Spion festgenommen zu werden oder einen Treffer vor den Bug zu bekommen. Getroffen wird das Auto bestimmt nicht. Die Kanoniere haben nämlich den Auftrag, genauestens zu zielen und auf keinen Fall danebenzuschießen. Nur bei Einsatzmännern Tiroler Abstammung wird die Sache gefährlich. Tiroler sind von Kindesbeinen daran gewöhnt, erst mit Schießprügeln und später mit Eheweibern schlafen zu gehen, die auch meist scharf geladen sind. Und diese Vertrautheit mit den explosiven Gerätschaften macht das Auge zielsicher.

Aber Tiroler in Allentsteig sind selten.

Nicht so selten sind in dieser Gegend Tiere in den Gotteshäusern.

Nun sind ja Tiere in Kirchen häufiger zu finden, als man glaubt.

Da gibt es Schwalben, die im Chorgestühl barocker Orgelnisten und im Tiefflug durch die offenen Tore stieben, sofern nicht ohnehin beschädigte Glasfenster freien Flugverkehr gewährleisten. Das Lamm findet man auf zahllosen Altarbildern, und in der Theresienkirche auf der Hungerburg hebt neben dem Kreuz ein Hund das Bein. Im Zillertal treibt man zu bestimmten Zeiten gar einen Ziegenbock ins Kircheninnere, um ihn zu segnen und dann zu versteigern, und in Wien hat nicht nur jede Landsmannschaft ihr eigenes Gotteshaus, sondern auch die Hunde- und Katzenbesitzer wissen, wohin sie mit ihren Schützlingen am Tag des heiligen Franziskus pilgern müssen.

Die Kirche zu St. Veit bei Neuhofen im Ybbstal beherbergte lange Zeit sogar einen Hühnerstall unterm Altar. Dieser Höhepunkt scheinbarer Tierfreundlichkeit hatte seine Ursache in altheidnischen Bräuchen. Und da man das Nützliche mit dem Angenehmen verbinden wollte, brauchte früher der Pfarrherr, so ihn nach einem Ei gelüstete, nur rasch in die Kirche zu gehen und sich dort unterhalb der Reliquien zu bedienen.

Daß dieses merkwürdige Neuhofen die eigentliche Wiege Österreichs ist, wissen nur wenige. Denn in einer Schenkungsurkunde des Bischofs von Freising wird hier 996 zum erstenmal der Name »Ostarichi« urkundlich genannt. Wer wundert sich da noch über die Skurrilität eines Landes, an dessen Wiege so absonderlich gegackert wurde?

Und weil wir noch immer bei den Kirchen sind: Niederösterreich und Oberösterreich sind die Zentren jener Baukunst, die als das österreichische Barock eine neue Welt herrlichster Architektur begründet hat. Hier finden wir all die wundersamsten Ausprägungen dieser wahrhaft göttlichen Stilrichtung. Der Barock ist eine der erfreulichsten Nebenerscheinungen der Gegenreformation. Hätte sie nicht stattgefunden, so wären die Bauakzente der meisten niederösterreichischen Orte nur häßliche Getreidesilos und Futtertürme — wahre Faustschläge gegen das von der Landschaft schönheitstrunkene Auge.

Daß sich unter diesen monströsen Gebilden, die in fast jedem Dorf zu finden sind, auch die einzige Turmmühle Österreichs, einundsechzig Meter hoch, befindet, und zwar in

Ebreichsdorf, nimmt weiter nicht wunder. Wunder nimmt daß die Ebreichsdorfer auch noch stolz auf dieses Ungetüm sind.

Aber die Niederösterreicher sind auch noch auf anderes wenn auch weit Sonderbareres, stolz. Gemeint ist damit nicht sosehr der Safaripark bei Gänserndorf, wo man Löwen im Schnee und Wildsäue im Schmutz bewundern kann. Gemeint sind Dinge wie der große Heldenberg bei Kleinwetzdorf.

Ein gewisser Josef Pargfrieder hat diesen Heldenberg in der Mitte des vorigen Jahrhunderts angelegt. Er hat dort den Feldmarschall Radetzky bestatten lassen und neben ihm eine Reihe wilder Schlachtenführer, die freilich zum größten Teil nur symbolisch in Form von Statuen zugegen sind.

Als Ausgleich zum kriegerischen Handwerk plante man gegenüber dem Heldenberg auch einen Philosophenberg anzulegen.

Aber Philosophen hat man in Österreich nie gebraucht, da ohnehin fast jeder Einwohner des Landes ein geborener Philosoph ist. Es erspart ja nicht nur die Axt im Haus den Zimmermann, sondern auch das eigene Sinnieren die Kraftakte genialer Denker. Da man aber davon nicht leben kann, wandte man sich zwischen Maria Taferl und Maria Dreieichen, zwischen Stift Zwettl und seinem prunkvollen Gegenstück, Stift Altenburg, lieber Handgreiflicherem zu, spuckte in die Hände und baute kleine, doch einträgliche Industrien auf.

Im Waldviertel bläst man heute Glas, züchtet Karpfen gräbt Kipfler, strickt Strümpfe und erschlägt hin und wieder einen unliebsamen Nachbarn. An Bedeutung gewinnt immer mehr der Möbelbau, denn Holz ist hier keine Mangelware und die Erfindungen auf dem Gebiet des Möbelwesens werden immer bombastischer. Letzte Errungenschaft, freilich noch nicht patentiert, ist der sogenannte »Sesselkleberstuhl.« Er ist gedacht für Politiker, Direktoren, Bürgermeister und Vorstandsmenschen mit dem untrüglichen Instinkt für gute Pfründe. Der Sesselkleberstuhl verwächst allmählich mit dem Sitzfleisch seines Benützers so sehr, daß beide eine Einheit bilden

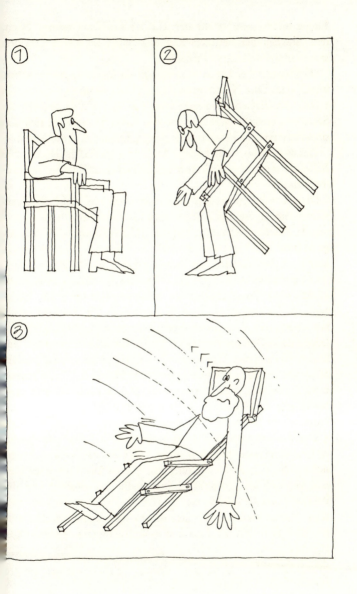

welche nicht einmal mehr der Tod zu scheiden vermag. Nach dem Ableben des Besitzers muß der Sessel zu einem Teil des Sarges umfunktioniert werden.

Die Österreicher haben eben eine große Vorliebe für makabre Späße — und die Niederösterreicher ganz besonders.

Niederösterreich im allgemeinen und das Wald- und Weinviertel im besonderen sind auch jene Gebiete, in denen sich die sonderbarsten, merkwürdigsten, ausgefallensten und längsten Ortsnamen Österreichs finden. An Lindwurmhaftigkeit werden viele von ihnen nur noch von den ungarischen Zungenbrechern überboten*.

Diese Ortsbezeichnungen sind aber noch viel mehr. In ihren Namen steckt die Urlaubswerbung für bestimmte Berufsgruppen. Die Altwarenhändler zieht es Jahr für Jahr nach Mistelbach. Die Insektenforscher nach Großmotten, die Würstelesser nach Senftenberg, die Antiklerikalen nach Pfaffenschlag. Die Veteranen nach Großsieghart, die Liebhaber stämmiger Damen nach Vestenpoppen, die Schlangenzüchter nach Ottenstein, die Mausgrauen nach Katzelsdorf. Die Gärtner nach Rosenburg, die Internisten nach Wurmbrand, die Habsburggegner nach Grafenschlag. Die Apotheker nach Pillersdorf, die Kammerjäger nach Wanzenau. Die Quartalsäufer zum Nebelstein, die betrogenen Ehemänner nach Horn, die Salonbauern nach Eggenburg. Die Vertragsbediensteten nach Untertautendorferamt, die Geruchsgeschädigten nach Stinkenbrunn und die Prostatakranken nach Pischelsdorf.

Wie die Orte, so sind auch vielfach ihre Bewohner. Schon in Oberösterreich begegnet man recht sonderbaren Schreibnamen, die sich in Verbindung mit Tieren kundtun, aber hier eher komisch als bedrohlich klingen: die Ratzenböcks und die Rabenseifners beispielsweise.

In Niederösterreich werden die Namen aggressiv. Da gibt es eine ganze Menge Leute, die Wolfbeißer, Katzenschläger

* In Ungarn dauert bekanntlich die Aufnahme von Personaldaten infolge überlanger Geburtsorte doppelt solange wie im übrigen Europa.

oder Katzenbeißer heißen, und manche von ihnen sehen auch so aus.

Aber die Niederösterreicher denken sich nichts Böses bei diesen Namen. Und wer dort zu Besuch ist, tut es bald den Einwohnern gleich.

Man wandert lieber im Waldviertel umher und gerät in so typisch finnische Gegenden, wie sie Finnlandurlauber nur von Prospekten her kennen. Oder man fährt, wie es der schöne Brauch verlangt, nach Maria Taferl, dem zweitgrößten Wallfahrtsort Österreichs. Man bewundert dort eine der herrlichsten Kuppeln Prandtauers und blickt verträumt das Donautal hinab, der Wachau zu, an deren Eingang das gewaltigste geistliche Schiff der Welt, Prandtauers Stift Melk, sein strahlendes Weiß-Gelb in den blauen Himmel wirft.

Und man weiß plötzlich, warum in Niederösterreich Ferien noch Ferien sind: weil man hier nicht nur an der Donau, sondern auch in den vollendeten Bauten des Barocks die Seele baumeln lassen kann.

> „Österreich über alles — wann es nur will!"
> (Titel eines 1683 in Wien erschienenen Buches)

11 Ein zufallsreiches Schlußwort oder Vom Skurrilen als Weltanschauung

Schon Aristoteles behauptete, daß das Ganze mehr sei als nur die Summe seiner Teile.

So ist auch Österreich bei weitem mehr als nur die Summe seiner neun Bundesländer. Es ist in seiner Ganzheit ein immerwährender Widerspruch seiner selbst.

Alle neun Bundesländer sind eifersüchtig auf ihr Eigenleben bedacht. In den kleinen Tiroler Dörfern werden schon die Bewohner der Nachbargemeinden als Fremde, Außenseiter und Übeltäter angesehen.

Auf höherer regionaler Ebene staut sich das Mißtrauen an den Landesgrenzen zu geistigen Barrieren, gegen die die Chinesische Mauer eine belächelnswerte Konstruktion ist.

So kennt beispielsweise die Wut der Autofahrer über die — selbstverständlich — miserable Fahrweise sämtlicher Verkehrsteilnehmer aus sämtlichen anderen Bundesländern keine Schranken. Zwar ist es in Österreich kaum üblich, daß Autofahrer die eigenen Landesgrenzen überfahren. Fremdländische Wagen sieht man auf den heimischen Straßen in jeder Menge, deutsche Benzinkarossen sind fünfmal so zahlreich wie österreichische unterwegs, aber auch finnische, englische und spanische Dieselkonserven erregen kaum irgendwelche Aufmerksamkeiten.

Wehe aber, wenn sich einmal ein Tiroler nach Wien verirrt oder ein Vorarlberger ins Burgenland. Da ist des mißtrauischen Beäugens kein Ende.

Die Nummernschilder der österreichischen Autos beginnen mit dem Anfangsbuchstaben jenes Bundeslandes, in dem sie zugelassen wurden. »W« steht für Wien und wird außerhalb der Bundeshauptstadt grundsätzlich nur als »Wasserkopf« gelesen.

»N«, welches das niederösterreichische Kennzeichen einleitet, signalisiert für die Nichtniederösterreicher sofort »Neandertaler«. »O«, das ist Oberösterreich, bedeutet »Oberschreier«, »Obstfresser« oder »Ochsentreiber«.

»T«, die Tiroler, sind als »Troglodyten« bekannt; Fremdwortunkundige setzen dafür ein ähnlich klingendes Wort ein, welches stark ehrenrührigen Charakter hat. Die Kärntner mit ihrem »K« gelten für »Kannibalen« oder »Kongoneger«. Das »St« der Steiermärker läßt an »Steinzeitmenschen«, »Sterzfresser« oder »Stockfische« denken, das »S« der Salzburger an »Saufbrüder«, »Stierwascher« oder »Saubären«, das »B« der Burgenländer an »Blunzenschädel«, das »V« der Vorarlberger an »Vulgär-« oder »Vizeschweizer«.

Graz und Linz, die gleichfalls eigene Buchstaben, nämlich »G« und »L«, führen, werden als »Lustmolche« und »Lumpenhunde« beziehungsweise als »Großmäuler« bezeichnet.

So gewaltig sind Abneigung und Mißtrauen der Bundesländer untereinander.

Und doch fühlen sich die Einwohner aller Länder eins und würden sich, wenn es darauf ankäme, lieber in Stücke reißen lassen, als ihr Land Österreich aufzugeben.

Ein Widerspruch, der nur für den naturgewachsenen Österreicher völlig logisch ist. —

Ein Österreicher erlebt einen Tag lang Ärger mit Behörden, Streitigkeiten mit Kollegen, Händel mit Vorgesetzten, Unzukömmlichkeiten mit Institutionen. Er beginnt zu nörgeln und zu schimpfen. Er nennt das Land, in dem er lebt, einen unbeschreiblichen Saustall. Er verdächtigt die Menschen, die darin wohnen, Holzköpfe und Trottel zu sein, und die Behörden nennt er anmaßende Tollhäusler.

Schließlich reißt ihm die Geduld, und er sagt dem Beamten oder dem Vorgesetzten, der so hoch über ihm thront, wie das nur in einem hierarchisch gegliederten Staat möglich ist, ganz ordentlich seine Meinung. Aber da lächelt der Beamte, der Vorgesetzte bloß süffisant und erwidert: »Sagen Sie, warum wandern Sie nicht einfach aus?«

Der solchermaßen Angesprochene knallt hinter sich die Tür ins Schloß und schnappt vor Wut wie ein Karpfen an frischer Luft.

Auswandern soll er? Was für eine unverschämte Zumutung! Dieses herrliche, unsagbar schöne Land sollte er verlassen? Die freundlichen Menschen hier, das angenehme Arbeitsklima, die gemütliche Sicherheit? Dies alles gegen eine wilde, unbekannte, böse Welt eintauschen?

Er ist zutiefst empört und getroffen und merkt nicht, wie sehr er im Widerspruch seiner selbst zappelt. Dabei liegt in seinem widersprüchlichen Verhalten mehr Weltanschauung als in tausend Seiten gelehrter Bücher, die das österreichische Wesen — vergebens — zu analysieren suchen.

Denn wie sehr das Widersprüchliche und Skurrile in Österreich beheimatet ist und alles Leben durchwirkt, das merkt der Fremde kaum und der Einheimische überhaupt nicht — es sei denn, er beginnt in sich hineinzulauschen, Zusammenhänge zu untersuchen und sich die Unbegreiflichkeiten dieses österreichischen Wunders an Schlamperei, Lebensmut und Präzision glückhafter Zufälle bewußt zu machen. Die Skurrilität als Weltanschauung degradiert hier alle anderen Weltanschauungen zu bloße Lebenshilfen.

In jüngster Zeit versuchen zwar immer wieder Politiker, dieses skurrile Gewebe zu zerstören und aufzulösen. Sie erkennen nicht, daß sie damit zutiefst den Gesetzen österreichischer Mentalität zuwiderhandeln. Denn Österreich ist ein in sich versponnenes Märchenschloß, in dem elektrisches Licht und Klimaanlagen Selbstverständlichkeiten sind.

Weswegen sollte man dieses wundersame Schloß abreißen? Um einen jener öden Prunkbauten mit glatten Fassaden aus Glas und Beton hinzusetzen, wie man sie im übrigen Europa überall sattsam bewundern kann?

Die so denken, wissen nicht, was sie tun.

Und was sie tun wollen, wird ihnen nicht gelingen. Hoffentlich nicht.

Denn ein Österreich, das ebenso streng geordnet und überschaubar wäre wie seine Nachbarländer; ein Österreich, das sich der westlichen Zivilisation bedingungslos angepaßt hätte, würde den Namen Österreich nicht mehr verdienen.

Man müßte es umtaufen in Westerarm.

Wer aber möchte in einem Land mit einem so scheußlichen Namen noch leben?

Der Österreicher lebt von, mit und in Widersprüchen. Metternich sagte einmal, das deutsche Volk sei ein abstrakter Entwurf. Man könnte den Ausspruch ergänzen mit der Behauptung, Österreich sei ein konkreter Widerspruch. Ein Widerspruch seiner selbst.

Man wird, vor allem in Wien, keine boshafteren und zugleich gutmütigeren, keine widerlicheren und zugleich höflicheren, keine gleichgültigeren und zugleich hilfsbereiteren Menschen finden. Es kommt immer nur auf die Situation an und oft nicht einmal auf diese. Ein einziges Wort, eine Geste, ein stillschweigendes Einverständnis kann Kehrtwendungen um hundertachtzig Grad herbeiführen. Kein Ausländer wird je diese Mentalität begreifen, denn selbst die Inländer, je weiter westlich sie wohnen, verstehen sie nur noch teilweise. Der Wiener ist zu Tränen gerührt über eine Taube, die sich in einer Dachtraufe verfangen hat. Und wenn ein Hündchen in einem versperrten Auto sitzt, so wäre er bereit, den Wagenbesitzer glattwegs auf die widerlichste Art zu lynchen. Er weint vor Rührung beim Heurigen, wenn ihm der Pseudozigeuner ein Schrammellied in die Ohren geigt, und zieht gleich darauf seinem Nachbarn die Brieftasche. Ganoven schlagen kaltblütig Taxilenker oder Raiffeisenkassierer zusammen; aber wenn dann der Polizeioberst zu ihrem Versteck kommt und ihnen zuruft: »Kommts heraus, ich bin's, euer Präsident«, dann ergeben sie sich voll Rührung und Weltschmerz.

Der Österreicher hat allen anderen Europäern etwas voraus: Er verschließt sich nicht dem Zufall. Im Gegenteil. Er bezieht ihn in seine Pläne ein. Trifft der Zufall ein, so findet das der Österreicher selbstverständlich. Bleibt er aus, so wundert er sich und räsoniert über den ungerechten Gang der Welt.

Wie sehr das Zufällige fast alles in Österreich durchwirkt, mögen zwei Beispiele darlegen, die schon gar nicht mehr an Zufälle grenzen.

Der Österreicher teuerstes Stiefkind sind die Österreichischen Bundesbahnen, kurz ÖBB genannt. Daß sie ÖBB heißen, verdanken sie einer sonderbaren Fügung, denn eigentlich müßten sie BBÖ genannt werden. Schuld an den BBÖ waren die Schweizer. Als sie nach dem Ersten Weltkrieg erfuhren, daß die Kaiserlich-Königlichen Staatsbahnen (KKStB) abgeschafft und die ÖBB aus der Taufe gehoben werden sollten, erhoben sie Einspruch. Im schönen Emmentalerland gibt es nämlich eine Lokalbahn, welche die enorme Streckenlänge von ganzen acht Kilometern befährt und die sich ÖBB nennt: die Onsingen-Balstal-Bahn. Grund genug, den an Defiziten und Verspätungen so wesentlich umfangreicheren ÖBB den Kampf anzusagen.

Erst nach dem Zweiten Weltkrieg sprach man nochmals bei den Balstalern vor, und die ließen sich nun großmütig herbei, in Österreich eine ÖBB zuzulassen. Sie vermuteten wohl, daß ein Betrieb mit einem derart hohen Milliardendefizit ohnehin nicht sehr lang existieren würde*. Wie sehr haben sie sich getäuscht! Defizite waren in Österreich noch nie ein Grund, Staatsbetriebe in Konkurs gehen zu lassen.

Das zweite Beispiel, dem Gebiet der Medizin entnommen, ist zwar historisch nicht so verbürgt wie das erste; dafür spielt hier der Zufall eine besonders eindringliche Rolle.

Als Sigmund Freud, der Welt bekanntester Psychotherapeut und selbstverständlich Österreicher mit gespaltener Seele, eber diese menschliche Seele noch nicht entdeckt hatte, wollte er

---

* Als Gegenleistung wird das den Schweizern nahverwandte Fürstentum Liechtenstein von den ÖBB mitbefahren und mitbetreut wofür als weitere Gegen-Gegenleistung die Liechtensteiner ihre berühmten Briefmarken in Österreich drucken lassen. So verzahn liegen hier die Dinge.

einmal zum Passahfest die Synagoge besuchen. Er verfehlte dabei das Haus, denn von Religion hielt er nicht viel, und geriet versehentlich in eine katholische Kirche. Vor einem Beichtstuhl wartete eine Reihe von Menschen mit mürrisch verdrossenen Gesichtern; sie traten einer nach dem andern in den Bußkasten und verließen nach empfangener Absolution sichtlich gelöst das Gotteshaus.

Da Freud einem Geschlecht entstammte, dem von seinen Gegnern zwar vieles, doch nie ein Mangel an Geschäftstüchtigkeit nachgesagt werden konnte, fand er es ratsam, den beobachteten Seelenservice kommerziell auszunutzen. Er betrachtete sein Erlebnis als einen Fingerzeig des Himmels, an den er nicht glaubte, ging heim und erfand die Psychoanalyse. Den Beichtstuhl ersetzte er durch eine Couch, den Bußzettel durch saftige Honorarnoten.

So wild spielt der Zufall manchmal in Österreich.

Das Unbeschreibliche war in Österreich stets Ereignis. Und sehr häufig waren Begebenheiten, die zunächst großen Ärger verursachten, gerade jene, die später reichlich Segen brachten.

Nach dem Ersten Weltkrieg, als die Energiequellen Schlesiens und Polens endgültig verloren waren, bohrte man in ganz Österreich verbissen nach Erdöl. So auch in der Gegend von Schallerbach. Dabei stieß man auf eine ergiebige Schwefelwasserquelle. Das emporgekommene Zeug stank, als säße der Teufel drin, und zum Teufel wünschten die Ingenieure auch die Brühe, die ihnen da heiß entgegenschoß.

Aber der Wohlstand des heutigen Bades Schallerbach beruht auf der Heilwirkung dieses schwefelhaltigen Teufelswassers.

Etwas Ähnliches auf dem Gebiet der Kulturgeschichte widerfuhr dem Bergwerksingenieur Ramsauer, der in der Umgebung von Hallstatt nach einer abbauwürdigen Fundstätte für Kiesel suchte. Zu seiner Enttäuschung fand er kein Kieselvorkommen, sondern lediglich ein paar Zeugnisse einer uralten Kultur. Und da man die Enttäuschung des Scherbenfinders ein wenig wettmachen wollte, gab die gelehrte Fachwelt jener versunkenen Epoche den Namen Hallstätter Kultur.

Auf ähnliche skurrile Merkwürdigkeiten stößt man in Österreich an allen Ecken und Enden.

Die Vererbungslehre wurde von einem österreichischen Mönch namens Gregor Mendel begründet. Sein Familienstand läßt vermuten, daß er seine Entdeckungen nie in der Praxis, nämlich an sich selbst, ausprobieren konnte.

Graf Fries führte im Orient den Maria-Theresien-Taler als Zahlungsmittel ein, und dort erfreut er sich noch heute unwahrscheinlicher Beliebtheit. Dies vermutlich deshalb, weil auf dem Geldstück eine unverschleierte Frauensperson abgebildet ist, damals eine für die Moslems ungeheure Sensation.

Und keine Geringere als Maria Theresia selbst schuf einen Orden, der fürs positive Rebellieren verliehen wurde. Vorausgesetzt, die Rebellion ging gut aus, die Befehlsverweigerung erwies sich als günstig für den späteren Verlauf der Dinge. Sonst gab es statt der Medaille auf der Brust eine Kugel in dieselbe.

Es gibt kaum einen Österreicher, der sich je anders als pessimistisch über sich und sein Land äußern würde. Das zeigt, daß er im Grunde ein unverbesserlicher Optimist ist. Denn fürchtet man anderswo das Krankjammern, so glaubt er felsenfest ans Gesundlamentieren.

Als Vielfraße sind die Österreicher daran gewohnt, allerhand zu schlucken. Hin und wieder gerät ihnen dennoch etwas in die falsche Kehle. Aber daran ersticken sie nie und nimmer. Sie husten, als wäre ihre letzte Stunde gekommen, befördern unter mörderischen Anstrengungen den Fremdkörper wieder an die Luft, und alles ist wie zuvor.

Als 1925 erstmals der Schilling als neue Währungseinheit eingeführt werden sollte, war die Teilung auf Hundertstel ursprünglich nicht in Groschen, sondern in »Stüber« geplant.

In jedem anderen Land wäre die neue Währung Schilling Stüber anstandslos hingenommen worden.

Nicht so in Österreich.

Hat doch der Österreicher ein völlig anderes Verhältnis zum Geld als seine Nachbarn. Er protzt nicht damit. Er liebt es auf seine Art, freut sich kindlich an seinem Klang und unterhält zu ihm eine seelische Beziehung wie zu einem Haustier.

Dementsprechend aber reagiert er auch psychisch, wenn er kein Geld hat. Sobald in Wien die Börsenkurse fallen, werden die Makler impotent.

Am heftigsten freut sich der Österreicher über jenes Geld, das er geschenkt bekommt. Erbstreitigkeiten gehören zu den beliebtesten Freizeitgestaltungen der Österreicher. Nirgendwo anders kann man mit Steuergeschenken, Zulagen, Gebärprämien und Heiratszuschüssen so mühelos Wahlen gewinnen wie hier. Und nirgendwo halten die Kellner, Stubenmädchen, Nachtportiers, Liftboys und Müllmänner bereitwilliger die Hand auf, um Trinkgelder zu sammeln. Hier gibt es ein echtes West-Ost-Gefälle, und in Wien erreicht die Bakschischmentalität ihren absoluten Höhepunkt jenseits von Asien.

Und nun bestand auf einmal die Gefahr, daß der bakschischheischende Österreicher statt seines Trinkgeldes ein paar Stüber bekommen sollte? Welch lebensfremdes Ansinnen! Er hatte während der Inflation genug an Nasenstübern einstecken müssen. Nein, Stüber durfte das begehrte Metallgeld auf keinen Fall heißen.

Da fiel endlich auch bei den Verantwortlichen der Groschen, und sie setzten ihn als Hunderteilung des Schillings in Kraft und Funktion. —

*

Alles in Österreich ist grotesk, lustig, komisch und bunt. Jede Handlung, jede Bemühung, sei sie noch so ernsthaft gemeint, gerät zum Kabarett. Das Leben wird zur Bühne, der Tod zum pompösen Schauspiel, die Trauer zum Spaß.

Wir Österreicher sind ungeheuer entartet und dennoch in sich stimmende Figuren, wie der Phantasie eines genialen Zauberkünstlers entsprungen.

So zumindest sehen uns die andern, unsere Nachbarn, und so sehen auch wir uns selber.

Aber da gibt es doch einen großen Unterschied.

Wir wissen, daß wir allesamt Masken tragen. Die anderen, gleichfalls unter ihren Masken, wissen das schon lange nicht mehr.

Wir wissen, daß hinter diesen Masken Menschen sind, voller Sehnsüchte, Leiden und Unvollkommenheiten.

Und am Abend, da geschieht es manchmal, daß wir unsere Masken ablegen.

Dann erkennen wir einander. Dann reichen wir einander die Hände und sehen uns an als Menschen. Und wissen, daß wir alle etwas erstaunlich Wertvolles gemeinsam haben. Österreich.

Und dann wölbt sich plötzlich über diesem Österreich der Himmel wie ein großes Nachtgebet.

Inhalt

1. Ein nützliches Vorwort oder
   Von einer geographischen Pfanne mit Spiegelei 5
2. Stadt und Land Wien oder
   Von Lipizzanern im Matrosenlook 13
3. Musik und Kunst oder
   Von eingeborenen Gastarbeitern und genialen Sackgassen 29
4. Vorarlberg und Burgenland oder
   Von Spinnern, Käsern und Planschbecken 46
5. Der österreichische Mensch oder
   Von grantigen Nörglern und liebenswerten Besserwissern 58
6. Salzburg und Steiermark oder
   Von Mozartkugeln und gefürchteten Holzköpfen 70
7. Die österreichische Geschichte oder
   Von Märchen und politischen Essiggurken 79
8. Tirol und Kärnten oder
   Von lustbaren Älplern und slowenischen Wasserzwergen 90
9. Der emanzipierte Fremdenverkehr oder
   Von Erfindern, Ärzten und anderen Kuriositäten 100
10. Oberösterreich und Niederösterreich oder
    Von gevierteilten Ländern und Milch, Wein und Wildsäuen 110
11. Ein zufallsreiches Schlußwort oder
    Vom Skurrillen als Weltanschauung 122

Weitere Bücher aus der Reihe

HUMOR IN DER TASCHE

Eva Lubinger
PARADIES MIT KLEINEN FEHLERN
Eine heitere Familienchronik
(2. Aufl., 16.–25. Tsd.)
GESPENSTER IN SIR EDWARDS HAUS
Das Leben einer absonderlichen englischen Familie
VERLIEB DICH NICHT IN MARK AUREL
Zwei Engländerinnen erleben Italien

Helmut Schinagl
DIE ÄLPLER UND IHRE LUSTBARKEITEN
Ein Seelenführer durch Tirol und Vorarlberg
(2. Aufl., 16.–25. Tsd.)
NEUES VOM GRAFEN D(RACULA)
18 heitere Gruselgeschichten

Vera von Grimm
ICH VERKAUFE MEINE ZEIT
Eine frischgebackene Chemiedoktorin als Zeitverkäuferin

Bernhard Ohsam
MIRIAM UND DAS LILA KÖFFERCHEN
15 heitere Reiseskizzen

Franz Hölbing (Hg.)
DA LÄCHELT THESPIS
Anekdoten aus der Theaterwelt

Erhard Wittek
MÄNNER MILD VOM MOND BESCHIENEN
Eine burleske Erzählung aus verklungener Zeit

Walter Myss
KEIN TSCHIRIPIK IST UNSCHULDIG
Humoresken für Feinschmecker
(2. Aufl., 16.–20. Tsd.)

Oswald Köberl
UND ES BEWEGT SICH DOCH
Ein Buch vom Autofahren (Cartoons)

Die Bücher sind ausgestattet mit Zeichnungen von Winnie Jakob (WIN), Oswald Köberl und Thomas Bosch

WORT UND WELT VERLAG INNSBRUCK